SNA 연기스피치 시리즈

SPEECH

2

인간관계, 협상, 감정 등
사람의 마음을 지배하는 전략적 대화법

영리한 대화법

김 규 현 지음

연기스피치 I 저자 직강 및 동영상 강의
www.esna.co.kr

KYOWOOSA 교우사

SNA 연기스피치 시리즈 · 2

영리한 대화법

인간관계, 협상, 감정 등 사람의 마음을 지배하는 전략적 대화법

초판 인쇄 | 2015년 6월 20일
초판 발행 | 2015년 6월 25일

지은이 | 김규현
펴낸이 | 오판근
펴낸곳 | 교우사

주소 | 서울특별시 동대문구 약령시로 8 교우빌딩 2층
전화 | 925-2861(대표), 925-2825(편집부), 969-5762(홈쇼핑)
팩스 | 925-2860
이메일 | kyowoo@kyowoo.co.kr
홈페이지 | http://www.kyowoo.co.kr
북스토어(쇼핑몰) | http://www.kyowoo.co.kr
등록번호 | 1994년 3월 24일 제6-0256호

ISBN 979-11-251-0103-1 (04080)
979-11-251-0101-7 (set)

값 **13,000**원

시작하며 |

대화할 때는 보이지 않는 힘의 논리와 서열이 발생한다.

살면서 한 번쯤은 '내가 왜 그때 그렇게 말과 행동을 해서 손해를 봤을까?'라는 생각을 하며 영리하지 못한 태도를 취해서 후회한 적이 있을 것이다.

우리는 살면서 수많은 사람과 인간관계를 맺고 여러 가지 다양한 상황에 처하게 된다. 그때마다 우리는 알게 모르게 두뇌게임을 하게 된다.

그리고 그 두뇌게임은 내가 손해를 보지 않고 인간관계와 상황에서 더 유리한 고지를 차지하기 위함이다.

이러한 상황에서는 마치 보이지 않는 싸움을 하는 것과 마찬가지의 머리싸움이 진행된다.

실전 싸움을 생각해 보라.

실전 싸움에서 내가 먼저 선제공격을 할 것인지, 어느 타이밍에서 공격을 취할 것인지, 내가 상대방보다 나은 점은 무엇이고 상대가 나보다 강점은 무엇인지 등을 치밀하게 파악하는 사람이 이길 확률이 높다.

인간관계는 일종의 협상이다.

각자 원하는 것이 있고, 각자 얻고자 하는 것이 있다. 그것이 사랑이든 돈이든 성공이든 말이다.

물론 모든 상황이나 관계가 협상은 아니다.

가령, 친구사이나 가족 등의 느슨한 관계에서는 이러한 힘의 논리가 덜 발생한다. 왜냐하면, 그러한 관계는 습관이나 감성 그리고 본능에 의해 이루어지는 관계이기 때문이다.

하지만 처음 본 사람이나 이익을 얻어야 하는 상황 그리고 감정적으로 긴장상태일 때는?

예를 들어 협상의 경우를 생각해 보자. 먼저 누가 조건을 제시하고 그 조건에 어떻게 반응을 하고 제안을 하느냐에 따라 협상에서 우위를 점할 수도 있고 또는 우위를 내 줄 수도 있다. 그리고 제대로 된 협상을 하지 못했을 때 '내가 왜 그렇게 제안을 했지?' 또는 '그 상황에서는 이렇게 해야 했는데'라는 후회를 한다.

협상이나 거래 또는 이익관계나 감정적인 상황일 때 그리고 심지어는 이성과의 관계에서조차 우리는 어떤 미묘한 신경전을 수없이 경험한다.

바로 그러한 팽팽한 관계나 서열이 존재하는 상황일 때 힘의 줄다리기가 시작된다. 그리고 그러한 관계나 상황에서 어떻게 대처를 하느냐에 따라 이익을 볼 수도 있고 손해를 볼 수도 있다.

이 책은 사람과의 관계에서나 다양한 상황에 처해있을 때 어떻게 영리하게 상대방이나 상황을 지배할 수 있는지에 대한 방법을 알려준다.

그래서 이 책을 읽고 나면 적어도 어떤 관계나 상황에서든지 손해를 보지 않고 우위를 점하는 법을 배우게 될 것이다.

2015년 봄

김규현

차 례

Part 1. 대화를 움직이는 심리

Part 2. 관계를 움직이는 방법

Part 3. 설득을 이끄는 대화법

Part 4. 이성을 지배하는 대화법

Part 5. 상황을 지배하는 대화법

Part 6. 감정을 지배하는 대화법

Part 7. 협상을 지배하는 대화법

part 1.
대화를 움직이는 심리

1

대화의 줄다리기 법칙

"안녕하세요."

우리가 일상생활에서 가장 많이 하는 말의 형태이다.

하지만 이 한마디 말에 수많은 심리가 담겨 있다면 믿겠는가?

만약 이 말이 둘 사이가 자연스럽지 않은 관계라고 가정해보자.

"안녕하세요."

1. 어. 여기 웬일이지?
2. 이거 참. 당황스럽네… 그래도 한때 아는 사이였으니 그냥 인사하자.
3. 어떻게 지냈는지 궁금했는데 여기서 만나네.
4. 지난번에 실수했는데 혹시 아직 그걸 기억할까?
5. 요새 무슨 좋은 일이 생겼나? 비싼 옷을 입었네.

'안녕하세요.' 한 마디에는 다양한 의미가 내포되어 있을 수 있다. 단지 '안녕하세요.'라는 말을 할 뿐이다.

"네, 안녕하세요."

1. 어디서 봤더라?
2. 되게 오버하면서 아는 척하네.
3. 날, 별로 안 좋아했나?
4. 내가 지난번에 한 말 기억하진 않겠지?

역시 '네, 안녕하세요.'라고 대답했지만 그 안에는 다양한 생각이 있을 수 있다. 우리가 일상생활에서 나누는 대화 그리고 다양한 사람들 사이에 관계 속에는 무언가의 생각과 마음이 깔려 있다.

그 속마음을 읽어 낼 때 또는 그 상황에 맞추어 어떻게 말을 하느냐에 따라 대화나 관계를 지배할 수도 있고 지배를 당할 수도 있다.

대화의 힘의 관계, 대화에서의 줄다리기 관계는 모든 상황에서 비롯되지는 않는다. 느슨한 관계에서는 이러한 힘의 역학이 발생될 확률이 적다. 여기서의 느슨한 관계란 친구나 가족, 오래된 연인이나 부부 등 아주 편한 사이를 얘기한다.

왜냐하면, 그러한 느슨한 관계에서는 계산보다는 습관이나 본능이 더 많은 지배를 하기 때문이다.

대화에서의 힘의 역학관계는 느슨하지 않은 관계나 상황일 때 발생한다. 가령, 협상, 타협, 시작하는 연인, 어색한 지인, 감정 상태에 놓일 때 등 심리적으로 불안정하거나 긴장상태의 상황에서 발생한다.

이것은 마치 만유인력, 중력 등의 힘의 역학에서 발생하는 것처럼 인간관계에서도 보이지 않는 힘의 역학이 있다는 것이다.

그렇다면 긴장 상황 즉, 힘의 역학에 놓여 있는 상황에서 언제나 지능적으로 머리를 굴려야 하는가?

그렇지는 않다. 왜냐하면, 우리의 인간관계는 이성과 감성이 맞물려 있기 때문이다. 가령, 연인관계나 가족, 친구 사이에서는 감성이 더 많은 차지를 하고 직장이나 거래 등의 관계에서는 이성이 더 많은 차지를 한다.

하지만 모든 인간관계나 상황이 감성에만 치우쳐져 있지 않기 때문에 이성 역시 중요하다는 것이다. 이러한 힘의 역학은 보이지 않은 힘, 눈에 보이지 않는 이성이다. 그러한 이성이 들켜질 때 소위 '밀고 당긴다.'는 말을 듣게 되는 것이 그러한 말을 듣지 않을 때 '영리하다.'는 말을 듣게 되는 것이다.

그렇기 때문에 대화를 할 때 '호감이 가는 것'과 '지능적이다.'라는 것은 조금 별개의 의미이다. 호감이 가는 대화는 상대방에 대한 감성적인 배려가 깔렸어야 하지만, 마음을 지배하는 대화는 들키지 않은 이성과 지능이 수반되어야 한다.

특히, 현대사회는 다양한 인간관계와 더불어 여러 가지 긴장되는 상황에 부닥쳐야 하는 경우가 많기 때문에 이러한 지능적인 힘의 원리를 아는 것이 중요하다.

그래서 그러한 힘의 원리를 알고 그 의미가 무엇인지를 알며, 어떻게 대처해야 하는 지를 파악할 때 대화나 상황 그리고 관계를 지배할 수 있는 영리한 대화를 할 수 있다.

2

상대성의 원리

상대성의 원리

그 유명한 물리학의 천재 아인슈타인의 법칙 중 하나이다.

그런데 이러한 상대성의 원리는 대화와 관계의 역학에서 시간적 심리적 상대성으로 응용할 수가 있다.

관계에서 힘의 위치가 정해질 때 내가 갑의 위치에 섰을 때는 나에게 시간은 1시간에 60분의 형태의 말 그대로의 보통의 시간이지만 을의 위치에 있는 사람에게는 1시간이 120분의 시간인 초조한 시간으로 흐른다.

만약 내가 프레젠테이션을 해야 하는데 제대로 자료 준비를 하지 않았다고 생각해 보자. 그때 청중의 시간과 발표자의 상대적 시간 차이가 존재한다. 만약 발표자가 제대로 준비하고 연습을 했다면 그 시간은 똑같은 20분이지만 청중들 앞에 긴장을 할 때나 무언가 힘의 위치가 바뀔 때는 그 20분은 2시간이 될 수가 있다.

군대에서도 마찬가지이다. 이등병일 때와 상병일 때의 시간 차이는 다르다. 사회에 있을 때는 그리 빨리 갔던 시간이 군대에서는 정말 느리게 간다. 그 이유는 심리적으로 느끼는 시간이 느리기 때문이다. 그리고 늘 긴장 속에 있기 때문에 그걸 받아들이는 시간이 느리게 가는 것으로 착각하기 때문이다.

이처럼 시간을 받아들이는 느낌은 상대적이다. 그리고 상황이나 관계에서의 힘의 차이로 인해 그 시간은 상대적으로 간다.

마치 중력에 의해 시간이 상대적으로 간다는 아인슈타인의 상대성 원리와 흡사하다.

그러한 것을 체감시간이라고 한다.

사람과의 관계나 상황에서는 바로 이러한 체감시간을 활용하는 것이 중요하다. 또한, 이러한 체감시간은 나와 상대방이 느끼는 감정과 밀접한 관계가 있다.

가령, 어떤 물건에 대해 수주계약을 한다고 생각해보자.

발주업체는 매우 큰 회사고 A라는 수주업체 외에 다양한 업체가 있기 때문에 굳이 서두를 필요가 없다. 하지만 A 수주업체는 현재

회사 운영상태가 좋지 않기 때문에 이번 계약을 꼭 따내야 한다.

그렇다면 누가 심리적으로 쫓기겠는가?

바로 수주업체인 A가 심리적으로 불리하게 되어 있다. 따라서 발주업체에 집요하게 협상을 요구하고 서두를 확률이 높다. 하지만 영리한 협상이란 바로 이러한 심리상태에서도 을의 위치가 되지 않기 위한 전략을 구성하는 것이다.

예를 들어, 면접을 생각해보자.

면접에서의 갑은 사실 면접관이고 을은 면접자이다. 그렇기 때문에 면접자들은 면접관 앞에서 서두르거나 긴장하는 모습을 보일 확률이 높다. 이것은 심리적으로 쫓기기 때문이다. 그래서 오히려 여유가 있고 침착하게 대답하는 사람이 더 매력적으로 보인다. 그런 모습을 보이면 면접관이 '어, 이 친구 봐라. 강단이 있네.'라는 생각을 하게 된다. 즉 면접자는 오히려 심리전을 역이용해서 면접관의 호기심을 불러일으킬 수 있다는 것이다.

바로 이러한 심리적 상대성 즉, '체감 시간'을 어떻게 활용하느냐에 따라 서열이 뒤바뀔 수도 있고 힘의 기울기를 내 쪽으로 유리하게 만들 수가 있는 것이다.

3
타이밍의 중요성

줄다리기 시합을 본 적이 있는가?

심판이 호루라기를 불면 A팀과 B팀이 나누어 열띤 응원 속에 줄을 잡아당긴다. 어떤 때는 A쪽으로 기울고 어떤 때는 B쪽으로 기울다가 팽팽함을 유지하기도 한다. 그러다가 결국 한 쪽으로 힘이 기울고 승패가 결정 난다.

인간관계도 마찬가지이다.

우리는 비록 말을 하고 있지는 있지만, 그 안에는 갑과 을의 관계도 있고 팽팽한 관계도 있으며 느슨한 관계도 존재한다.

우리가 어떤 때 줄을 당겨야 할지 또는 일부러 줄을 놔야 하는지 그리고 신의 한 수를 던지는 타이밍을 안다면 그 사람은 그러한 상황에서 영리하게 상황을 지배할 수가 있다.

가령, 카드게임을 생각해 보자.

내가 갖고 있는 패가 상대방보다 서열이 높을지 낮을지는 알 수가 없다. 하지만 상대방의 몸짓과 말할 때의 떨림 또는 여유와 표정을 보면서 내가 지금 상대방보다 낮은 패일지 높은 패일지를 끊임없이 생각한다.

그리고 언제 돈을 더 걸지 그리고 신의 한 수를 던질지를 고민한다. 그것이 바로 타이밍이다. 그 타이밍을 알게 되는 순간 그 사람은 카드게임의 승자가 될 수가 있고 타이밍을 읽지 못할 때 그 게임의 패자가 된다.

인생에는 함정이 있다. 그것은 바로 과거는 알아도 미래를 알지 못하기 때문에 현재가 불안하다는 원칙이다.

따라서 내가 지금 이 상황에서 언제 내 카드를 보여 줄 것인지 그리고 언제 연막작전을 보이고 언제 실제의 모습을 보일 것인지 그 선택이 바로 힘의 지배논리에서 승패를 좌우한다.

타이밍을 생각하는 순간은 이성적일 수도 있고 감성적일 수도 있다.

만약 계약을 체결할 때는 누가 더 침착하느냐가 성패를 좌우할 수 있다. 상대방의 얘기를 충분히 듣고 그리고 나의 위치가 지금 상대방보다 낮은지 높은지를 충분히 파악하는 것과 더불어 다음 내가 얻어가는 것과 내가 잃는 것을 계산하고 그러고 나서 조건을 제시해야 한다.

가령, 부동산계약을 한다고 하자.

땅 주인이 토지에 대해 설명한다. 그때 나는 이 토지가 어느 정도의 발전가치가 있는지 그리고 향후 투자가치는 어느 정도이고 비슷한 환경과 조건에서의 다른 토지를 비교했을 때 이 값에 토지를 매입하는 것이 적절한지를 살필 것이다.

그런데 또 다른 계약자가 나타났다고 치자. 그럼 그때부터 누가 그 토지를 지배하는가의 게임이 시작되는 것이다. 만약 상대방인 A라는 계약자가 2억 5천을 제시했다. 그렇다면 나는 어떻게 할 것인가? 더 높은 가격에 매입을 할 것인가? 아님 포기할 것인가? 하지만 나는 수중에 2억 5천 밖에 없고 대출이 불가한 상황이다. 그럴 때 필요한 것이 바로 감성을 움직이는 것이다. 즉, 땅 주인과 친해지는 것이다. 왜냐하면 그 상황에서 내 위치는 갑이 아니라 을이기 때문이다.

또 다른 예로 호감을 느끼는 이성이 있다. 그런데 그 여자와 호감이상의 관계로 발전하지 않았다. 그렇다면 나는 어떤 타이밍에 고백을 할 것인가?

이렇듯이 인간관계는 다양한 상황에 맞게 다양한 변수가 있다. 그리고 그 변수에서 적절한 카드를 꺼내는 타이밍이 매우 중요한 상황을 지배하는 승부수가 될 수가 있다.

4 경우의 수

1. 내가 상대방보다 힘이 셀 때
2. 상대방이 나보다 힘이 셀 때
3. 둘이 비슷할 때

싸움을 할 때의 경우의 수이다. 우리가 누군가를 싸움에서 이길 때 반드시 힘이 세다고 이기는 것이 아니다. 힘이 좋은 장수보다 머리 좋은 장수가 전쟁에서는 더 큰 위력을 발휘할 수가 있다.

그러한 경우는 너무나 많이 보아왔다. 이순신 장군이 명량해전에서 지형의 위치와 물의 흐름을 잘 활용해서 왜군을 물리치거나 높은 위치와 심리를 이용해서 다수의 적을 물리친 살수대첩 등 수많은 사례를 들 수가 있다.

우리가 어떠한 상황이나 사람과의 관계에서 마음을 지배하려면 반드시 경우의 수를 생각해야 한다.

다시 싸움 얘기로 가 보자.

먼저 내가 상대방보다 힘이 셀 때이다.

체격에서나 힘에서나 내가 앞선다. 따라서 내가 이길 확률이 높다. 하지만 상대의 강점은 없는가? 상대는 나보다 지구력이 좋다. 그러므로 상대를 이기려면 초반에 기선제압과 밀어붙이기를 해야 승산이 높다.

상대방이 나보다 힘이 셀 때이다.

일단 힘이 나보다 세기 때문에 을의 위치에 서게 된다. 그렇다면 과연 어떻게 싸움에서 지지 않을 것인가? 먼저 상대방이 나보다 강한 것은 무엇인가? 일단 나보다 체격이 좋다. 펀치도 세다. 하지만 단점은 없는가? 대신 스피드가 떨어지고 체력이 좋지 않다. 그렇다면 나는 초반에 승부를 결정짓지 말고 상대 주위를 빙빙 돌면서 힘을 빼놓은 다음 급소를 노린다.

마지막으로 실력이 비슷할 때이다.

내가 먼저 상대방을 공격할 것인가? 아니면 기다릴 것인가? 상대방의 강점은 무엇이고 약점은 무엇인가? 상대방의 급소는 어디인가?

등을 자세히 분석해야 할 것이다.

이처럼 싸움에서의 경우의 수처럼 상대방과의 관계나 상황에서 심리전이라는 것이 있다. 그리고 심리전에서 이길 수 있는 방법은 냉철하게 경우의 수를 생각하는 것이다. 그래야만 수시로 상대방의 상황에 따라 전략을 수정할 수가 있는 것이다.

어떤 상황에서 선택을 할 때도 마찬가지이다. 가령, 청바지를 구매하는 것을 예로 들어보자. 매장에 맘에 드는 청바지가 세 가지가 있다. 하나는 무척 맘에 드는데 가격이 비싸다 두 번째 옷은 가격은 싼데 재질이 좋지 않다. 마지막 청바지는 가격과 재질은 괜찮은데 스타일이 맘에 들지 않는다.

그렇다면 나는 어떤 청바지를 살 것인가? 먼저 내가 그 옷을 살 때 가장 중요하게 생각하는 것이 무엇인가이다. 현재 작년과 달리 나의 수입이 줄었기 때문에 나는 가격적인 측면을 가장 우선 시 해야 한다. 그렇기 때문에 첫 번째 청바지를 구매해야 한다.

하지만 만약 나의 경제사정이 괜찮을 때는 무엇을 선택할까? 그렇다면 두 번째로 중요시여기는 것은 무엇일까? 재질일까 스타일일까? 그것은 나의 취향에 달려있을 수 있다. 즉, 과연 내가 어떤 것을 중요시 여기는지 또는 그런 것이 동일하다면 무엇을 선택하는 것이 효율적이고 합리적인지 바로 그러한 생각이 경우의 수인 것이다.

이처럼 경우의 수는 그릇된 선택을 하지 못하게 그리고 불합리하거나 비효율적인 선택을 막아 줄뿐 아니라 실수를 최소한으로 줄이고 다양한 상황에 그 상황을 유리하게 이끌어 갈 수 있는 영리한 생각이 될 수가 있다.

5 상황을 역전시키는 유머

상황이 불리해 본 적이 있는가?

그럴 때 사람은 초조해지고 불안해진다. 이럴 때 중요한 것이 유머이다.

가령, 면접장에서 면접을 잘 보지 못했는데 한마디 말로서 분위기를 역전시킨 경우는 많다. 면접관이 "지금 무슨 생각을 했어요?"라고 질문을 했을 때, "'이 회사에 들어와서 제가 어떤 공헌을 할까?'를 생각했습니다."라고 대답해 면접관을 웃긴 일화도 있다.

또한, 대중 앞에서 프레젠테이션을 할 때도 마찬가지이다.

강의를 하건 프레젠테이션을 하건 사람들이 많이 모이는 자리에서는 '저 사람이 무슨 얘기를 할까?'라는 생각과 긴장으로 거리감을 두는 경우가 많다. 그렇기 때문에 대중과 화자 사이에는 팽팽한 긴장상태가 유지된다. 유머는 팽팽한 긴장상태를 역전시키는 카운터 펀치와 같은 역할을 한다.

예를 들어, 프레젠테이션을 하려고 많은 사람들 앞에 섰는데 너무 분위기가 냉랭한 적이 있었다. 그래서 "혹시 저 아는 사람 있으세요?"라고 했더니 가만히 있기에, "분위기가 싸해서 저를 싫어하는 사람이 왔나 했어요."라고 말해서 분위기가 풀어진 적이 있었다.

또한, 남녀가 다툴 때, "왜 이렇게 나를 몰라? 내가 어떤 것을 좋아하고 무엇을 해야 하는지 매번 얘기해야 돼? 대체 나에 대해서 뭘 알아?"라고 할 때, "널 좋아하는 건 확실히 알아."라고 해서 분위기가 반전된 적도 있다.

보통 유머를 할 때 시도 때도 없이 하는 경우가 있는데 팽팽한 긴장상황에서는 한 마디 유머를 하더라도 상황에 맞게 하는 것이 중요하다.

왜냐하면, 유머는 불리한 상황을 벗어나는 최대의 무기이지만 잘못 구사하게 되면 오히려 상황을 더 악화시킬 수도 있기 때문이다.

예전에 큰 규모의 직장 모임에서 사회를 본 적이 있었다. 그런데 그 전날 그분들이 과음을 해서인지 아니면 심신이 지쳐있는 상황이었는지는 모르겠지만 굉장히 태도도 좋지 않았고 말도 공격적으로 해서 당황한 상태였다.

그러던 중 한 분이 "아 재미없어요."라고 해서 분위기가 싸해져 있는데, 그 상황을 그대로 넘어가면 안 될 것 같아서, "이제부터 진짜 재밌는 얘기를 하려고 했는데. 어떡하죠? 그만할까요?"라고 천연덕스럽게 얘기하자, 사람들이 호의적으로 "아뇨, 해 주세요."라고 해서 위기를 기회로 만든 적이 있었다.

또한 어떤 면접 자리에서도 면접관이 "자네의 장점이 무엇이라고 생각하지?"라고 묻자, "어디를 가도 적어도 꿀리지는 않는 외모라고 생각합니다."라고 대답해서 면접관을 웃게 만든 경우도 있었다.

이처럼 유머란 상황이 불리하게 처해 있을 때나 또는 팽팽한 긴장상황일 때 그 분위기를 와해시켜 반전을 할 수 있는 좋은 무기가 될 수 있다.

6
침묵의 의미

심리적 상대성 시간을 잘 활용하면 관계와 상황에서 유리한 위치를 점유할 수가 있다. 여기에서 침묵은 상대방과의 심리전에서의 기다림을 얘기한다.

만약 당신이 시장에서 흥정을 한다고 생각해보자.

상인이 이불을 50만 원 가격으로 제시했다. 당신은 그 가격이 맘에 안 든다. 그럴 때 어떤 행동을 하겠는가?

1. 맘에 들지 않기 때문에 상품 가격을 깎아달라고 한다.
2. 그냥 돌아선다.
3. 침묵을 지킨다.

1번의 경우에는 협상 단계로 넘어가게 된다. 2번의 경우는 가격협상을 중단한다는 의미이다. 3번의 경우는 다양한 의미로 해석될 수가 있다.

다시 한 번 그 침묵의 의미를 파악해 보자.

1. 일단 이 가격에 살 것인지 생각해 본다.
2. 그냥 갈지를 생각해 본다.
3. 상대방의 반응을 본다.

1, 2번의 경우는 말 그대로 생각에 충실한 침묵이다. 하지만 3번은 상대방을 초조하게 만들기 위한 전략이 될 수가 있다. 왜냐하면, 만약 그 상황에서 누가 더 초조한가에 따라 갑과 을의 위치가 정해지고 팽팽함이 무너지기 때문이다.

이것은 남녀관계에서도 마찬가지이다. 물론 상대방이 침묵으로 일관할 경우 그 관계를 이어가지는 않는다. 답답하기 때문이다. 또는 밀고 당기기 한다고 생각하거나 나에게 관심이 없다고 생각한다.

하지만 적재적소의 침묵은 상황을 역전시키거나 주도권을 지닐 수가 있다. 가격협상에서 내가 침묵을 하게 되면 상대방이 내 눈치를 보면서 가격을 깎아 주거나 서비스를 주는 경우가 많다.

이성과의 관계에서도 상대방이 화를 냈을 때 침묵을 하게 되면 상황이 역전돼서 상대방이 초조하게 되는 경우가 많다.

필자가 말하고자 하는 것은 침묵을 악용이나 오용하라는 것이 아니라, 긍정적인 효과를 보기 위해서 때로 침묵을 활용할 필요가 있다는 의미이다.

하지만 침묵을 지나치게 길게 가지면 오히려 상대방은 '이 사람이 나와 관계를 유지하는 것이 싫구나.'라고 생각할 수도 있는 만큼 침묵은 상대방과의 심리와 두뇌게임에서 타이밍을 잘 살피면서 활용하는 것이 좋다.

7
가면의 미소

모든 동물 중 유일하게 인간에게만 있는 것이 있다. 그것은 바로 미소이다. 이 미소는 때로는 사람을 즐겁게도 하고 때로는 진심으로 묻어 나오는 경우도 있지만 대부분 우리도 모르게 무언가를 감추기 위해 나오는 경우가 더 많다.

정말 즐거워서 웃는 경우가 얼마나 되는지를 생각해 보자.

가령, 물건을 깎아달라고 할 때 우리는 습관적으로 웃는다. 왜 그럴까? 우리는 관습적으로 물건을 깎을 때 정색을 하는 것보다 미소를 지을 때가 더 확률이 높다는 것을 알기 때문이다. 또한, 이성을 처음 만날 때도 마찬가지이다. 미소를 지을 때 그렇지 않을 때보다 상대방을 유혹할 수 있다는 것을 본능적으로 알고 있다.

물론 미소를 비판하려고 하는 것이 아니다. 미소는 인간관계를 유지하는 데 없어서는 안될 만큼 중요한 가교역할을 하는 요소이다.

줄다리기 대화, 즉 힘이 오가는 대화에 있어서는 이 미소가 정말 중요한 역할을 한다.

예를 들어, 협상을 하려할 때 미소를 짓는 경우를 보자.

1. 상대방이 불리한 조건을 제시할 때
2. 내가 상대방에게 불리한 조건을 제시할 때
3. 상대방이 나에게 유리한 조건을 제시할 때
4. 내가 상대방에게 유리한 조건을 제시할 때

즉, 미소는 어떤 경우든 활용할 수 있다. 왜냐하면, 미소는 진정으로 나오는 경우도 있지만, 자신의 목적을 가리거나 방어하기 위해서 나오는 경우도 많기 때문이다.

상대방이 불리한 조건을 제시할 때나 내가 상대방에게 불리한 조건을 제시할 때는 모두 나 스스로를 방어해야 하는 부분이기 때문에 미소의 의미는 '방어'의 의미가 크다. 미소를 짓는 순간 상대방도 계면쩍은 감정이나 미안한 마음을 심어줄 수 있는 감성적인 의미가 될 수가 있다.

만약 상대방이 나에게 유리한 조건을 제시할 때는? 그럴 때의 미소는 '숨김'의 의미이다. 즉, 미소를 통해 일정의 나의 감정을 숨김으로써 상대방에게 일종의 포커페이스를 유지하는 의미의 가면의 미소이다.

내가 상대방에게 유리한 조건을 제시할 때는?

그럴 때의 미소의 의미는 '미안함'이다. 즉, '이러한 불이익을 주게 돼서 미안해요.'라는 보상적 의미이다. 그럴 때 상대방은 기분이 상한 감정이 다소 누그러질 수도 있다. 상대방에게 아무런 감성적인 표시를 하지 않는 것보다 미소를 통해서 상대방에게 미안함의 감정을 표현하는 것이 더 효과적이기 때문이다.

이처럼 미소는 다양한 의미로 나와 상대방에게 의미를 부여할 수가 있다. 때로는 진심으로 그리고 때로는 가면의 미소로 말이다.

그리고 상황에 따라 우리는 그러한 미소의 의미를 잘 이해하고 적재적소에 활용하는 것이 영리한 관계나 상황을 연출할 수가 있다.

8
평정심의 힘

평정심.

그것은 관계와 상황에서 갑의 위치에 서기 위한 매우 중요한 힘을 갖고 있다.

가령, 누군가와 말다툼을 하고 있다고 생각해 보자. 간단히 차 접촉사고가 났다. 그런데 누구의 잘못인지는 명확하지가 않다. 이때의 힘의 기울기는 팽팽함이다. 그런데 내가 먼저 상대방에게 화를 낸다.

"운전을 어떻게 하시는 거예요? 지금 크게 사고 날 뻔했잖아요!"

그런데 상대방은 침착하게 나를 주시하고 있다. 그러고 나서 이렇게 말한다. "일단 사고 현장 판단은 보험사에서 정확히 판단할 몫이니까 그때까지는 사진을 찍고 현장보존을 하는 게 우선일 것 같아요."

이성과 다툴 때도 마찬가지이다. "내가 지금 얘기하잖아! 왜 내 말을 안 듣는 거야? 난 지금 삼겹살이 먹고 싶다고" 그런데 상대방이 이렇게 나온다. "지금 말 충분히 듣고 있어. 그러니 흥분하지 말고 침착하게 얘기해. 나 귀 안 먹었어."

이처럼 누가 먼저 흥분하느냐에 따라 힘의 기울기는 역전된다. 흥분하는 사람이 이기는 것이 아니라 침착함을 유지하는 사람이 관계와 상황에서는 이길 확률이 높아진다.

스포츠에서도 갑의 위치에 있는 사람의 공통적인 특징은 어떤 위기 상황에서도 흔들리지 않는 평정심 유지할 수 있는 능력이 있는 사람들이다.

축구의 메시, 격투기의 표도르 등 제왕에 오른 사람의 공통점은 위기 상황에 무서울 정도로 냉정하다는 것이다.

그리고 그런 평정심에 동요되는 것은 상대방이다. 만약 당신이 협상을 하거나 감정적인 상황을 만날 때는 평정심이 무기가 될 수 있다. 왜냐하면, 당신이 침착할수록 시야가 객관적으로 확보가 되고 상대방이 흥분하거나 감정적으로 될수록 상대방은 실언을 하거나 잘못 판단할 확률이 높기 때문이다.

이처럼 평정심을 유지할 수 있느냐 없느냐는 상대방과의 관계나 대화 그리고 협상에 있어서 매우 유리한 고지를 점유할 수 있느냐 아니냐의 중요한 부분이 될 수 있다.

가령, 포커게임을 한다고 생각해보자.

먼저 돈을 계속 잃고 있는 상황이다. 그러면 내가 손해 본 것만을 생각해서 다시 만회하려는 감정이 생길 확률이 높다. 그럴 때는 냉정히 나 자신이나 지금의 상황에 대해 객관적으로 볼 수가 없기 때문에 감정적으로 게임을 할 것이며, 그럴수록 돈을 잃을 확률이 높아진다.

하지만, 그럴 때 평정심을 유지한다면?

그럴 때는 내 스스로가 냉정해지기 때문에 과거에 내가 돈을 얼마나 잃고 내가 얼마를 딸지를 생각하는 것이 아니라 지금의 현실에 더 객관적으로 직시하게 된다. 과거의 감정이나 서두름은 게임을 하는데 감정적으로 만드는 치명적인 약점으로 작용하기 때문에 스스로를 객관화 시키지 못하게 된다.

연애를 할 때도 마찬가지이다. 연애에서의 좋아하는 감정 외에 화나 흥분을 지배하지 못하게 되면 상대방에게 상처나 또는 실언을 하게 될 확률이 높아진다. 그럴수록 상대방에게는 실망감을 주고 힘의 기울기에서 눈치를 보게 되기 때문에 을의 위치에 설 확률이 높아진다.

당장은 화를 내서 상대방에게 무언가를 얻어낼 수는 있을지라도 시간이 갈수록 그러한 행동은 실망감과 약점으로 변질될 수가 있다.

물론, 감정적으로 흥분할 때 스스로 열기를 시키면서 냉정해지는 것은 상당한 내공이 필요하다. 하지만, 흥분해서 무언가를 얻을 확률은 객관적으로 희박하기 때문에 평정심과 냉정을 유지하는 사람이 상황이나 관계에 있어서 우위를 차지할 확률이 높다.

그렇기 때문에 평정심을 유지하고 감정을 지배하는 사람이 상황을 지배할 수가 있는 것이다.

9 비언어적 대화

우리가 누군가를 만나고 나서 돌이켜보면 그 사람의 이야기가 남을 것 같지만, 사실은 그 사람의 태도와 말투 그리고 인상 등이 더 뇌리에 각인된다.

또한, 면접관이 면접에서 합격을 시킬 때 가장 중요하게 생각하는 부분은 면접에 대한 답변이 아니라 면접태도라고 하는 부분을 우리는 눈여겨볼 필요가 있다.

여기에서 태도나 말투, 표정, 음성, 옷차림, 제스처, 동작 등이 바로 비언어에 해당된다.

언어가 상대방의 뇌를 지배한다면 비언어는 상대방의 마음을 지배한다. 그렇기 때문에 비언어를 제대로 이해하고 활용해야 상대방의 뇌와 마음을 동시에 지배할 수 있는 것이다.

먼저, 옷차림이다. 우리가 소개팅이나 면접에서 첫인상으로 가장 먼저 들어오는 것은 그 사람의 옷차림이다. 호감 가는 옷차림은 상대방의 첫인상을 지배할 수가 있다. 여기에서 옷차림은 획일적으로 말할 수 없는 부분이지만, 상황에 따른 적재적소의 옷차림이 첫인상을 지배할 수가 있다고 얘기할 수 있다.

가령, 면접 자리에서는 면접관에게 신뢰를 주는 깔끔한 정장과 구두 그리고 깔끔한 인상을 심어줄 수 있는 헤어스타일을 들 수가 있다. 이성을 만날 때는 선 자리나 소개팅 자리냐에 따라서 캐주얼 정장이나 남방이나 니트 등의 세련미와 편안함을 강조하는 옷차림이 호감을 줄 수가 있다.

또 다른 비언어는 감정이다.

주로 우리가 감정이라고 함은 '표정'을 얘기하지만, 사실은 표정 역시 감정표현의 일부이다. 실제로 감정이 나타날 때는 호흡이나, 손 떨림이나 몸의 움직임, 안색 등의 모든 몸의 기관에서 표출되기 때문이다.

그렇다면 감정표현이 왜 중요한 대화의 방법이 될 수 있는가?

우리가 흔히 "만나서 반갑습니다."라고 말을 할 때 '만나서 반갑습니다.'라는 말은 호감이 가는 언어지만 만약 감정이 없거나 반갑다는 느낌이 부족하다면 언어의 호감에만 그친다. 하지만 말을 할 때 미소와 더불어 긍정적인 감정표현을 해준다면 상대방의 경계심을 풀어서 좋은 감정을 느끼게 만들 수 있다.

또한, 거래를 할 때도 마찬가지이다.

가령, 판매원이 손님에게 "이 에어컨의 가격은 80만 원입니다."라고 했을 때, 만약 그 가격을 사는 데 지장이 없다면 또는 합당하다면 80만 원을 내고 물건을 사면된다. 하지만 그 가격이 비싸거나 또는 돈이 부족할 때는? 그때부터는 흥정을 해야 한다. 물론 정가를 실시하는 곳에서는 그런 흥정이 불가하지만 그렇지 않을 때는 다양한 설득으로 판매원의 이성과 마음을 얻어야 한다.

첫 번째는 논리적인 대화이다.

예컨대, "물건이 품질에 비해 좀 비싸네요. 그 정도 가격대의 에어컨은 공기청정 기능이 없음에도 불구하고 80만 원의 가격은 조금 비싼 게 아닌가요?"라고 말하는 방법이 논리적으로 파고드는 설득의 방법이다.

두 번째는 감성적인 대화이다.

"80만 원이요? 조금만 깎아 주시면 안돼요? 제가 여기 단골이고 앞으로도 여기서 많이 살 건데 조금만 깎아 주세요. 사장님."이라고 말하는 방법이다.

감성적인 대화의 방법은 표정과 감정으로 자신의 마음을 나타내서 상대방의 마음을 침투하는 것이다.

논리적인 대화의 장점이 상대방의 이성을 침투해서 공감을 이끌어 내는 것이라면 비언어적인 대화 즉, 감성적인 대화의 장점은 상대방의 마음을 침투하는 것이다.

물론 현명한 대화란 경우에 따라 논리적으로도 얘기하고 감성적으로도 침투하는 것이다. 이처럼 비언어적인 감성적 대화의 힘은 실생활에서 특기 힘의 기울기가 상대방으로 기울어져 있을 때 영리하게 활용할 수가 있다.

제스처나 동작 또한 마찬가지이다. '안녕하세요.'를 그냥 말하는 것과 고개를 숙여서 '안녕하세요.'를 할 때는 상대방에게 더 커다란 호감을 심어줄 수가 있다.

프레젠테이션을 할 때도 마찬가지이다. 제스처를 적절히 사용해서 핵심 포인트를 집어주는 것과 그냥 얘기하는 것은 생동감에 있어서 차이가 난다.

가령, 여행지를 추천하는데 있어서 제스처로 그 여행지의 느낌을 손짓으로 생생하게 설명하며 "제가 추천하는 여행지는 해안에 도착했을 때 저 멀리 보이는 바다 풍경과 그리고 바닷가에 즐비한 황홀한 맛의 향연이 펼쳐지는 레스토랑" 이러한 말을 설명하는데 있어 그냥 밋밋하게 말로 설명하는 것과 몸짓과 손짓으로 여행지의 생생함을 구체적으로 설명하는 것은 차원이 다르다는 것이다.

협상이나 다양한 상황에서 비언어의 표현은 상대방의 마음을 지배할 수가 있다. 예를 들어, 상대방이 흥분할 때는 침착해야 하고, 상대방에게 부탁을 할 때는 정중한 감정과 제스처로 그리고 사과를 할 때는 표정이나 자세를 저자세로 낮춰야 상대방의 마음을 얻을 수가 있다.

이처럼 논리적인 대화가 상대방의 이성을 침투한다면 비언어적인 감성적인 대화는 상대방의 마음을 침투할 수 있다.

따라서 영리한 대화법이란 때론 논리적으로 때론 감성적으로 상대방의 마음을 침투하고 지배하는 것이라 할 수 있겠다.

part 2.

관계를 움직이는 방법

1
현재 나의 위치

친구 관계나 가족과 같은 느슨한 관계가 아닌 상하관계나 팽팽한 관계 등의 줄다리기 관계에서는 서열이 존재한다. 그 서열에서 내가 어떤 위치인가를 파악하는 것이 급선무다.

가령, 협상할 때 내 조건이 상대방보다 나은지 아니면 상대방이 더 우월한지 또는 평형 관계인지를 파악하는 것이 첫 번째 협상의 조건이다. 나의 현 위치를 파악하지 못했을 때는 협상 자체가 되기 어렵다.

이처럼 줄다리기 관계에서는 나의 위치를 파악하는 것이 중요하다. 그래야만 서열을 인정할 것인지, 서열을 바꿀 것인지를 정할 수가 있다.

이성과의 관계에서도 마찬가지이다.

가령, 소개팅을 한다고 생각해보자. 소개팅 장소에 들어가는 순간부터 이미 힘의 줄다리기가 시작된다. 누가 더 호감을 느끼고 있느냐에 따라 남녀관계에서는 서열이 생긴다. 만약 내가 상대방에게 더 호감을 느끼는 경우 나는 을의 위치에 서게 된다.

상대방이 나에게 호감을 느끼는 경우 나는 갑의 위치에 서게 된다. 둘 다 호감을 느끼는 경우 또는 아직 호감을 서로 느끼지 않는 경우는 팽팽함이 생긴다.

이처럼 어떤 상황에서 내가 어떤 위치에 놓여 있는가에 따라 힘의 위치가 생기고 서열이 생긴다는 것을 유의해야 한다.

하지만 나의 위치를 객관적으로 못 보는 경우는 절대 상대방이나 상황을 지배할 수가 없다. 왜냐하면, 그럴 때는 내 생각과 상대방의 생각에서 차이가 발생되기 때문에 혼란스러운 서열이 생기기 때문이다.

그렇기 때문에 나의 위치를 객관적으로 파악해야 상황이나 관계를 지배할 수 있는 능력이 생긴다.

감정적인 경우도 마찬가지이다.

내가 누구와 말다툼을 하고 있는데, 이미 내 자신이 흥분상태인데 상대방은 침착한 상태라면 내가 상대방보다 심리적 서열이 낮게 된다. 즉, 내가 을이 되고 상대방이 갑이 된다. 왜냐하면 흥분상태에서는 내 스스로 객관적인 판단력이 떨어지기 때문에 상대방에게 함부로 말을 하거나 실수를 할 확률이 높아지기 때문이다.

이처럼 자신의 현재 위치를 파악하는 능력은 관계나 상황에 있어서 매우 중요한 부분이다.

2
갑의 위치에 있을 때

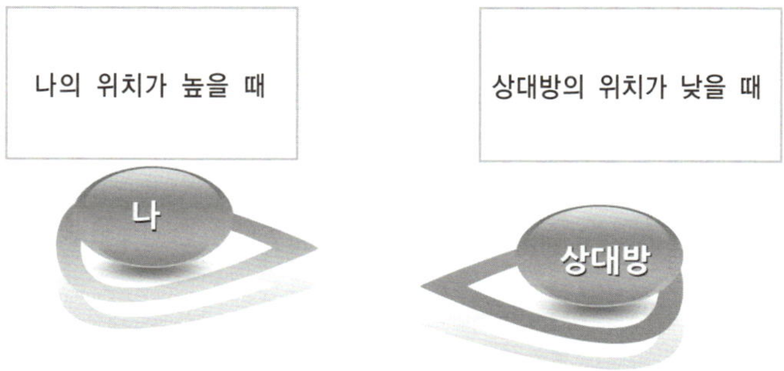

회사에서의 상사, 높은 위치, 채권자, 위탁자, 힘을 가진 자 등이 상황에 따른 갑의 위치가 될 수 있다.

또한, 상대방이 부탁을 받는 입장, 원청업체, 일을 주는 입장 등일 때도 갑의 위치가 될 수가 있다.

가령, 누군가 내에 돈을 빌려 달라고 했을 때 부탁한 사람은 상대방이기 때문에 당연히 그때는 내가 갑의 위치에 서게 된다.

이성이나 감정적인 상황일 때도 마찬가지이다.

호감을 받는 입장, 주도권을 가진 자, 감정적으로 보다 냉정한 자 등이 갑의 위치에 설 수가 있다.

예를 들어, 연인관계에서는 호감을 더 받고 있는 자가 갑의 위치에 서게 된다. 연인 관계에서 갑의 위치에 서려면 상대방이 나를 더 좋아하게 하면 된다. 그렇다면 어떻게 갑의 위치에 설 수 있는 힘을 만들 수 있을까?

만약 그것이 면접의 자리라면 스펙이 뛰어나거나 능력이 뛰어난 사람이 갑의 위치에 설 수가 있지만, 연인관계라면 사정이 좀 다르다.

왜냐하면, 이성 관계는 감성이 70% 이상을 차지하기 때문에 즉, 끌림이 것이 중요하기 때문에 말로 표현할 수 없는 무언가의 힘이 호감을 만들 수 있기 때문이다. 그것이 외모일 수도 성격일 수도 또는 위트나 미소 등 다양한 종류가 있을 것이다.

따라서 이성적인 관계든 감성적인 관계든 갑의 위치에 서려면 그러한 힘의 역학관계를 잘 알고 있어야 한다.

1. 관계에서의 높은 위치

ex) 상사, 오너, 원청, 위탁자

2. 상황에서의 높은 위치

ex) 부탁을 받을 때, 호감을 얻을 때, 용서를 할 때

3
을의 위치에 있을 때

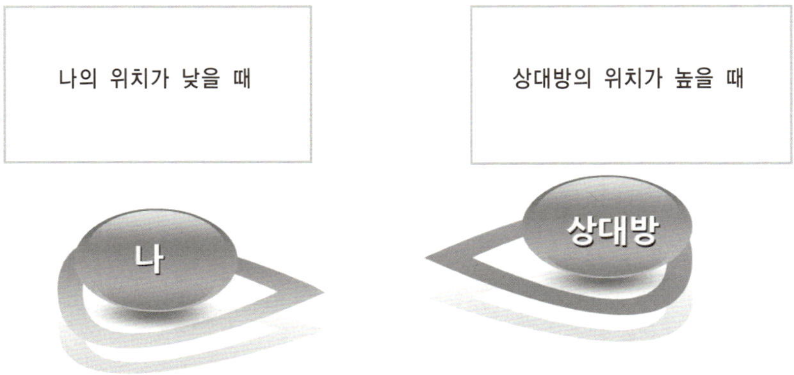

반대로 회사에서의 부하 직원, 낮은 위치, 채무자, 힘을 덜 가진 자 등이 상황에 따른 을의 위치가 될 수 있다.

또한, 상대방이 부탁을 하는 입장, 일을 받는 입장, 하청, 수탁업체 등일 때도 을의 위치가 될 수가 있다.

감정적인 상황이나 이성과의 관계에서도 을의 위치가 있다.

호감을 주는 입장, 주도권을 뺏긴 자, 감정적으로 보다 흥분한 자 등이 을의 위치에 설 수가 있다.

만약, 부탁하는 상황을 예로 들어보자.

부탁하는 사람과 부탁을 받는 자 중, 당연히 부탁을 하는 사람이 을의 위치에 서게 된다. 왜냐하면, 무언가를 얻기 위해 저자세를 유지해야 하기 때문이다. 그렇기 때문에 그런 때에는 을의 위치에서 무엇을 어떻게 얻어내는가를 고민하는 것이 중요하다. 그렇다면 을의 위치에서는 늘 저자세이어야 하는가? 대답은 '그렇지 않다.'이다. 을의 위치에서 너무 저자세면 오히려 상대방의 고자세를 더욱 키울 수가 있다. 이럴 때 중요한 것은 상대방의 반응과 태도에 유연하게 대처하는 방법이다. 그래서 힘의 줄다리기를 할 때는 미소와 여유 그리고 침묵이 중요한 것이다.

만약, 내가 상대방에게 잠시 휴대전화기를 빌려야 하는 상황이라고 가정해보자.

경우의 수는 대략 세 가지가 있다.

하나는 최대한 공손하게 빌리는 것이다. 이런 경우엔 상대방이 직위나 나이에 있어서 나보다 높은 위치에 있어서 그럴 수도 있지만,

오히려 상대방이 나보다 직위가 낮거나 나이가 어린데 공손하다면 오히려 나의 위치가 보이기엔 저자세이지만 상대방이 받아들이기에 저자세가 아닐 수도 있다는 것이다.

두 번째는 쿨 하게 빌리는 방법이다. 즉 '빌려주면 고맙고 아님 말고'의 방법이다. 사실 우리가 어떤 부탁이나 거래를 할 때는 늘 공손해야 하고 친절해야 한다고 배워왔다. 하지만 오히려 쿨 하게 얘기하는 방법이 더 결과가 좋을 때도 있다. 왜냐하면, 이 방법은 상대방에게 부담을 주지 않기 때문에 오히려 방어벽이 무너지면서 '어, 나한테 절박하지 않네? 내가 아니어도 상관없다는 얘긴가? 잘 나가나 보네?'라는 복잡한 생각이 들면서 심리적으로 힘의 기울기가 바뀔 수도 있다.

즉, 우리가 알고 있는 정석이 아니라 상대방의 허를 찌르는 방법이 힘의 기울기를 역전시킬 수도 있다는 것이다.

1. 관계에서의 낮은 위치

ex) **부하직원, 수탁자, 하청업체**

2. 상황에서의 낮은 위치

ex) **부탁을 할 때, 호감을 느낄 때, 용서를 구할 때**

4

팽팽한 균형을 이룰 때

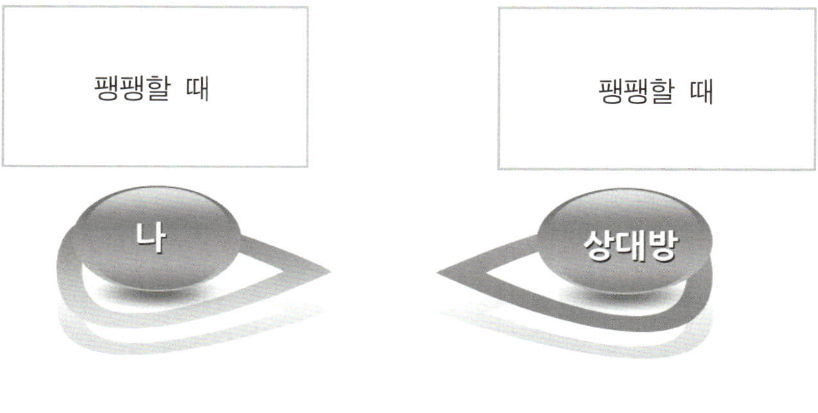

상황이나 감정에서 팽팽한 균형을 이룰 때가 사실상 문제가 된다. 동업관계나 계약이 팽팽한 조건일 때나 서로 부탁을 할 때와 거래를 할 때, 서로 호감을 느낄 때도 팽팽한 힘의 기울기가 형성된다.

이럴 때는 누가 힘의 기울기에서 우위를 차지하느냐가 관건이다. 가령, 어떤 물건을 사려고 할 때 가격이 1000원일 때 내가 가진 돈이 1000원이고 그 가격이 합당할 때는 어떠한 힘의 기울기도 발생하지 않는다.

하지만 내가 900원을 갖고 있거나 내가 900원에 사고 싶거나 다른 곳은 1100원에 팔고 있을 때는 힘의 기울기가 생기게 된다.

따라서 팽팽한 균형상태란 물리적인 상태보다는 심리적인 상태를 이야기 하고, 상대방과 내가 서로 물러나기 힘들 때 생기는 심리적인 힘의 기울기를 말한다.

그러한 팽팽한 기울기에서 우위를 차지하려면 전략과 전술이 중요하다. 물론 상대방과의 관계나 특히 이성이나 친구와의 관계에서 전략만을 내세운다면 당장의 이익은 얻을 수 있을지 모르지만 시간을 멀리 봤을 때는 손해를 볼 수가 있다.

왜냐하면, 영리함이 지나치면 영악함으로 비치기 때문이다. 오히려 때로는 질 때가 이길 때도 있는 법이고 나와의 관계가 돈독할수록 그리고 소중한 사람일수록 영리함 보다는 호감을 사는 대화가 더 적합할 수가 있다.

하지만 그러한 느슨한 관계가 아니라, 영리하게 상황을 이끌어야 하는 상황이라면 이러한 기울기 대화법, 즉 영리한 대화법이 효율적일 수가 있다.

이처럼 인간관계나 상황을 단편적으로 생각을 할 게 아니라 다양한 각도에서 판단해야 하고, 여기서 좀 더 머리를 써야 할 지, 마음을 써야 하는지를 생각하는 것이 더 현명한 방법일 수가 있다.

그리고 머리를 써야 할 때는 바로 상대방과의 심리싸움과 두뇌게임을 지배해야 하는 것이다.

1. 관계에서의 팽팽한 위치

ex) 계약과 계약 사이, 동업관계

2. 상황에서의 팽팽한 위치

ex) 서로 부탁을 할 때, 거래를 할 때, 서로 호감을 느낄 때

part 3.

설득을 이끄는 대화법

1
설득할 때

먼저 설득과 협상과 타협의 차이를 명확히 알아야 한다.

설득이란, 상대방에게 말과 행동으로써 나의 의견을 관철하는 것이다. 이에 반해 협상은 나의 이익을 얻기 위해 때론 상대방에게 양보도 하고 제안도 하는 것을 말한다. 마지막으로 타협은 나도 양보하고 상대방도 양보해서 원활한 조율을 이루는 것이다.

설득할 때는 상대방에게 논리적인 말로써 자신의 의견을 관철할 수도 있지만, 상대방의 감성을 자극함으로써 마음을 침투할 수도 있다. 즉, 최고의 설득이란 상대방의 이성과 가슴을 모두 지배하는 것이다.

1. 논리적인 설득할 때

2. 감성적인 설득할 때

3. 논리적, 감성적 설득할 때

먼저 논리적인 설득이란 상대에게 차분히 무언가를 설명해서 이해를 시킬 때이다. 가령, 사업설명회를 할 때 왜 이 사업이 필요한지 그리고 사업의 수익성은 어떤지에 대해서 다양한 통계와 사실적 자료 그리고 근거에 대해 조리 있게 얘기함으로써 상대방을 설득시키는 것이다.

그렇기 때문에 논리적인 설득을 하려면 내가 얘기를 하려는 것에 대해 정보를 많이 알고 있어야 하고 또한, 차분하고 짜임새 있게 설명을 해야 이해를 시킬 수 있다. 보통은 내가 갑의 위치 즉, 지식이 더 많거나 아니면 더 차분한 상태에서 논리를 가지고 얘기하는 경우가 많지만 때론 팽팽한 위치나 을의 위치에서도 논리적으로 얘기할 수 있다.

감성적인 설득이란 상대의 감성을 침투해서 설득을 시키는 방법이다. 예를 들어, 어떤 물건을 팔 때 상대에게 왜 이 물건을 살 수 없는지를 미소와 제스처 그리고 감정으로 표현하는 것을 얘기한다.

대개는 내가 을의 위치나 팽팽한 위치일 때 감성적 설득을 하는 경우가 많지만 갑의 위치에서도 비언어적 감성적 설득을 할 수 있다.

그렇다면 설득에서 갑과 을의 위치 즉, 유리한 조건과 불리한 조건은 무엇일까?

1. 설득에 유리한 조건일 때
2. 설득에 불리한 조건일 때

먼저 설득에 유리한 조건일 때는 내가 설득에서 지식과 능력이 많거나 상대방보다 위치가 높거나 상대방이 내 말에 귀를 기울일 때를 얘기한다.

이때는 논리적으로 얘기하거나 동시에 비언어적인 표현을 같이 사용해서 상대방의 이성과 감성을 침투하면 설득의 성공확률이 매우 높아진다.

문제는 설득에 불리한 조건일 때이다.

설득에 불리한 조건일 때는 내가 설득을 할 때 상대방보다 지식이나 능력이 부족하거나 또는 내가 흥분한 상태이거나 절박한 상태일 때 그리고 상대방이 내 얘기에 방어를 하고 있을 때이다.

그럴 때 가장 필요한 것은 상대방의 반응에 맞추어 논리적 감성적 설득을 적절히 활용하는 것이다.

즉, 상대방의 반응에 맞춰 적재적소에 맞는 타이밍을 조절하는 것이다. 때론 이성적으로 때론 감성적으로 상황에 맞게 그리고 상대방의 반응에 맞게 설득을 하는 것이 확률을 높이는 방법이다.

2
논리적으로 설득할 때

논리적으로 설득을 한다는 의미는 '짜임새'를 가지고 상대방에게 나의 의견을 조리 있게 피력하는 것이다.

여기서 논리적으로 말을 한다는 것은 두 가지 의미가 있다. 하나는 일관성 있게 얘기하는 것을 말하고 둘째는 구체적인 논리로 이야기하는 것을 말한다. 구체적인 논리란 비교, 대조, 예시, 유추, 인과 등을 통한 전개이다.

먼저 일관성 있게 얘기를 한다는 의미는 어떠한 이야기를 흐트러짐 없이 얘기한다는 것이다. 예를 들어, 금연의 중요성에 관해 얘기를 하는데 담배의 수출국에 관해서 얘기를 하는 것은 일관성이 부족하다고 할 수 있다. 또한 체벌의 문제점에 대한 얘기를 하는데 체벌로 인해 교권이 추락한다는 이야기는 일관성에 어긋날 수 있다.

이처럼 일관성에 부합하지 않는 이야기는 상대방에게 설득력을 심어 줄 수 없다. 왜냐하면 이야기의 핵심이 뒤죽박죽일 때 상대방은 혼란을 느끼고 신뢰를 갖기 힘들기 때문이다.

둘째로는 구체적인 논리가 있을 때 설득력이 생길 수 있다.

가령, 어떤 자동차 영업점에서 손님이 "이 차가 왜 2000만 원이나 하죠?"라고 얘기했을 때, 판매원이 "먼저 차의 연비 부분을 들 수 있는데요. 비슷한 종류의 2,000cc에서 가장 좋은 25Km의 연비를 자랑하고 있습니다. 이것을 한 달 단위의 기름 값으로 환산했을 때 월 2만 원 정도를 절약할 수 있고 년 단위로 계산했을 때는 24만 원 가량을 아낄 수 있습니다.

또한, 기술력을 들 수 있습니다. 국내 모터쇼에서 우승을 했을 정도로 엔진과 디자인 면에서 이미 유럽의 B사와 M사에서 호평을 보일 정도였습니다. 또 다른 기술로는 하이브리드 엔진을 들 수가 있어요. 즉, 전기를 이용해서 동력을 만들기 때문에 경제적으로도 큰 효용가치가 있다는 겁니다."

지금 위에서 열거한 구체적인 논리는 비교와 예시이다. 즉, 비교와 예시를 통해 상대방에게 짜임새 있는 얘기를 전달해 주고 있다.

또한, 프레젠테이션을 할 때도 마찬가지이다.

발표자가 A 상품에 대한 관측을 할 때, "지금 현재 A상품과 판매실적이 비슷한 B 상품의 경우 내구성과 견고성 면에서 소비자들의 불만이 많았기 때문에 3분기부터는 매출이 20% 정도 감소했습니다. 하지만 저의 제품은 견고성 면에서는 타의 추종을 불러일으킵니다. 실제로 제품을 3M의 높이에서 떨어뜨린 실험에서도 어떤 제품의 하자나 손실이 발생하지 않았습니다."

위에서 제시한 부분은 바로 비교와 인과와 예시이며 그것을 통해 구체적 논리를 심어주고 있다. 어떤 얘기를 구체적인 논리로 푼다면 상대방이 이성적 공감과 수긍을 하는데 있어 많은 도움이 될 것이다.

논리적으로 설득을 하기 위한 또 하나의 중요한 부분은 '사실적인 근거'를 바탕으로 해야 한다는 것이다.

어떠한 얘기에 신뢰를 가지려면 그 얘기가 신빙성이 있어야 한다. 여기서의 신빙성이란, 과학적 사실적 통계적 근거에서 이뤄진 사실일 때 만들어지는 요소이다.

만약, 누군가 병에 대한 보고를 할 때 "제가 들은 바에 의하면 사람들이 암을 제일 두려워한다고 합니다." 또는 "제 생각엔 사람들이 암을 무서워하는 것 같습니다."라고 보고하는 것보다 "생명보험회사의 통계에 따르면 성인들이 가장 두려워하는 병이 암(59.1%)으로, 2위인 고혈압(6.9%)과 3위인 디스크-관절염(4.0%)과는 비교가 되지 않을 정도로 높게 나타나고 있습니다."라고 사실적인 근거를 바탕으로 얘기하는 것이 청중들에게 신뢰를 줄 수가 있다.

또 다른 논리의 방법으로 논증의 방식이 있다. 논증이란 논리적으로 증명을 하는 설득의 형태이다. 즉, '연역법', '귀납법', '변증법'을 통해 논리적인 증명을 하는 것이다.

연역법은 쉽게 말해 이미 실증된 사실적 결론을 먼저 내세움으로써 논리적으로 증명하는 방식이다. 가령, "민주주의 제도 하에서 누구에게나 기회는 균등합니다. 한국역시 민주주의 국가이기 때문에 누구에게나 평등한 기회를 줘야 합니다."라고 얘기하는 것이다.

연역법은 이미 실증된 사실을 결론으로 하고 있기 때문에 신빙성이 백 프로에 가깝다. 하지만 처음에 제시한 대전제에 소전제가 포함되어 있지 않을 때에는 논리의 오류가 생길 수 있다. 예를 들어, "민주주의 제도 하에서는 누구에게나 기회는 균등합니다. 북한 역시 평등한 기회를 줘야 합니다."라는 문장에서 북한은 민주주의 제도를 추구하지 않기 때문에 민주주의라는 대전제에 적합하지 않는 모순적 논리라 할 수 있다.

이에 반면 귀납법이란 쉽게 얘기해서 해석적 추리를 하는 논증방식이다.

즉, "한국에는 기러기가 있습니다. 일본에서도 기러기가 존재합니다. 따라서 모든 나라에서 기러기가 존재할 수 있습니다."라고 얘기하는 방식이다.

귀납법은 제1전제와 제2전제를 바탕으로 결론을 추론하기 때문에 논리의 비약이나 일반화의 오류에 빠질 위험이 높다.

이처럼 논리적인 설득은 조리 있는 또는 짜임새 있는 얘기를 함으로써 상대방의 이성에 어필하는 효과적인 설득의 방법이 될 수 있다.

하지만 그 논리가 사실에 근거를 하고 있지 않거나 논리의 비약과 모순이 있을 경우에는 상대방의 이성을 침투할 수가 없기 때문에 논리적인 설득을 할 때는 바로 그러한 점을 늘 유의해야 한다.

3 감성적으로 설득할 때

감성적으로 설득을 한다는 의미는 언어 외적인 감정, 표정, 태도, 눈빛, 목소리, 제스처 등으로 상대방의 마음을 침투한다는 의미이다.

우리가 누군가에게 설득할 때 과연 논리적으로만 얘기를 할까? 그렇지 않다. 실제로는 감성적으로 어필해서 상대방의 마음을 침투하는 경우가 더 많다.

가령, 우리가 면접을 할 때 논리적으로 대답을 하는 것도 면접관에게 어필할 수 있는 좋은 방법이지만 실제로 면접관이 가장 많이 보는 것은 '면접태도'이다.

바로 이 면접태도가 비언어적 설득 즉, 감성적 설득이라 할 수 있다.

또한, 어떤 발표를 할 때도 가령, '투자 설명회'를 한다고 했을 때 발표자는 왜 투자가 필요한지 그리고 어느 정도의 수익을 창출할 수 있을지, 투자대비 효과는 어떠한지에 대해 투자자에게 논리적으로 얘기해야 한다.

하지만 논리적인 설득 외에도 감성적인 설득이 존재한다. 여기서의 감성적인 설득이란 투자자에게 진정성 있는 태도, 눈빛, 목소리 그리고 말에 강약을 조절하면서 제스처로 완급을 조절하면서 말을 하는 것이다.

투자자가 발표자의 확신에 찬 눈빛에서 신뢰를 찾을 것이고 발표자의 진정성 있는 목소리와 태도에서 호감을 느낄 수 있을 것이다.

대화에서도 마찬가지이다.

가령, 한 친구가 다른 친구들의 말은 듣지 않고 자기의 주장만 고집한다고 치자. 그랬을 때 어떤 친구가 참지 못하고 그 고집스러운 친구에게 이렇게 말을 한다. "너는 너무 네 생각만 하는 것 같아. 네가 중요한 것처럼 다른 사람의 의견도 존중할 줄 알아야지. 자기만 존중받길 원하고 남을 무시하는 것은 어폐가 있지 않아?"라고 말이다.

그 친구의 얘기는 일관성 있는 핵심과 예시의 구체적인 논리로써 말을 했기 때문에 충분히 설득력을 가질 수 있다.

그런데 이런 대화를 할 때 어떤 분위기를 조성했는가도 중요할 수 있다.

왜냐하면 그 고집스런 친구의 입장에서는 아무리 논리적인 얘기일지라도 자존심이 상할 수 있는 부분이기 때문에 오히려 반감을 살 수도 있다.

감성적인 설득을 하는 경우엔 친구에게 먼저 따뜻한 미소를 건네면서 부드럽게 "너의 입장을 어느 정도 이해해. 나 역시 그럴 때도 있으니까. 근데 난 우리가 더 돈독해 졌으면 좋겠어. 솔직히 네 말에 상처받은 친구들도 있거든. 네 말이 그런 의도는 아니겠지만 가끔 친구들을 무시하는 것처럼 들릴 때도 있어."라고 말하는 방법이다.

여기서의 감성적인 부분은 바로 '따뜻한 미소', '부드러운 태도와 목소리' 등을 들 수 있다.

이성의 마음을 얻을 때도 마찬가지이다.

우리가 흔히 고백이나 프러포즈를 할 때 상대방이 무슨 말을 했는가도 중요하지만, 사실 고백을 할 때의 진정성 있는 눈빛, 떨리는 음성, 발그레한 수줍은 얼굴이 더 감동을 줄 수 있다.

왜냐하면, 논리적으로 상대방을 왜 좋아하는지 얘기할 때는 이성적으로 공감을 심어줄 수는 있지만, 그 사람의 마음을 침투할 수는 없기 때문이다.

그렇기 때문에 감성적인 설득 역시 이성적인 설득만큼이나 중요하다고 볼 수 있다. 즉, 논리적인 설득이 상대방의 이성을 침투하는 것이라면 비언어적인 감성적 설득은 상대방의 마음을 얻는 것이다.

4

설득을 이끄는 방법

가령, 입시생이 부모님에게 미술학과를 허락 맡을 수 있도록 설득하는 상황이라고 가정해보자.

먼저 부모님이 미술학과에 대해 호의적인 반응이라면 설득에 유리할 수가 있다. 부모님 역시 입시생인 내가 그 과를 가는 것에 좋은 반응을 보이든지 또는 그 과에 가는 것에 대해 거부감을 받지 않는다면 설득이 쉬울 수가 있다.

그렇다면 부모님이 미술학과에 가는 것에 대해 반감을 품고 있을 때는? 바로 그러한 상황이 설득에 불리한 조건이 될 수가 있다.

이때는 부모님의 반응에 당황하지 않고 침착함을 유지하면서 '왜'

미술학과에 갈 수밖에 없는지를 논리적으로 얘기해야 한다. 가령, 미술학과의 비전과 그리고 나의 능력, 앞으로 미술학과에 들어가서의 나의 계획에 대해 논리적인 당위성을 얘기하는 것이 부모님의 이성을 지배할 수 있는 방법이다.

하지만 논리적인 당위성만큼 중요한 것이 설득을 할 때의 분위기이다. 만약 부모님이 바쁜 상황이나 피곤한 상태라면 그때 설득을 하는 것은 바람직하지 않다. 왜냐하면, 실패할 확률이 높기 때문이다. 상대방의 이성을 지배하는 것만큼이나 감성을 침투하는 것은 중요한 일이다. 왜냐하면, 감성을 침투한다는 것은 상대방의 방어벽을 무너뜨려 나의 의견을 관철할 수 있는 기회를 만드는 것이기 때문이다.

따라서 설득을 할 수 있는 분위기를 만들어야 조금이라도 유리한 입장에서 나의 의견을 말할 수가 있다. 그럼에도 불구하고 상대방의 나의 의견에 방어적이라면? 그럴 때는 논리적인 방법과 더불어 감성적인 즉, 비언어적인 방법을 동원해야 한다. 여기서의 비언어적인 설득이란, 진심어린 눈빛과 목소리 그리고 감정과 제스처를 이용해서 상대방의 마음을 침투하는 것이다.

우리가 흔히 '내 마음 약해지게 왜 이래?'라고 말하는 것은 이미 마음이 흔들리고 있다는 증표이다.

즉, 상대방에게 논리적으로 얘기하는 것과 동시에 대화를 할 수 있는 부드러운 분위기를 유지하면서 비언어적인 진심 가득한 말투와 감정을 가지고 말하는 것이다.

예를 들어, "내가 미술학과를 갈 수밖에 없는 이유는 첫 번째 내가 미술을 너무 좋아해서야. 그리고 내가 충분히 잘할 수 있어서고. 그리고 앞으로 미술에 대한 진로가 밝기 때문에 내가 졸업을 할 때쯤이면 충분히 밥을 먹고 살 수 있을 정도로 미술 산업이 발전해 있을 거야."라고 논리적으로 얘기를 해서 '왜 내가 미술학과를 갈 수 밖에 없는지'를 논리적으로 얘기해서 이성적인 설득을 한다면, 감성적으로는 시선을 마주치면서 부모님에게 진심어린 눈빛을 보내며 진정성 있는 목소리와 감정으로 호소한다면 설득 효과는 배가 될 수 있다는 것이다.

Tip

1. 침착함과 여유를 잃지 않음
2. '왜'라는 질문에 대한 논리적 당위성
3. 상대의 마음을 타이밍에 맞추어 이성과 감성을 동원해 지배함

part 4.

이성을
지배하는 대화법

1
소개팅을 할 때

1. 상대방이 나에게 호감을 더 보일 때
2. 내가 상대방에게 호감을 더 느낄 때
3. 팽팽하게 호감을 잴 때

소개팅을 할 때의 경우의 수이다.

우리가 소개팅을 할 때 이미 보이지 않는 머리싸움이 전개된다. 물론 남녀사이에는 감성이 70% 이상 차지한다. 하지만 이성 즉 상대방의 마음을 지배하려면 나머지 보이지 않은 30%의 두뇌게임이 전개되어야 한다.

먼저 상대방과 공통분모를 찾아야 한다.

왜냐하면 소개팅을 하는 사람은 이미 경계심이 있기 때문에 이것을 어떻게 무장해제를 시키느냐가 관건이다.

소개팅에서 가장 중요한 부분은 다음 만남으로 이어지냐는 것이다.

그러기 위해서는 나의 모든 것을 다 보여주어서는 안 된다. 상대방과 공통관심사를 통해 마음을 편하게 해 주고 나서 유머와 배려로 서서히 상대방의 경계를 마치 은근한 불이 조청을 만들듯이 상대방도 모르게 허물어야 한다.

그 다음은 나의 매력 카드를 백프로 보여 주지 않는 것이 중요하다. 상대방으로 하여금 '이 분을 만나면 어떻게 될까?'라는 궁금증을 유발시켜야 한다. 그 호기심은 그 다음 만남을 기약하기 위한 중요한 열쇠이다.

소개팅에서 상대방에게 호감을 느낀다고 적극적으로 구애하는 사람이 있다. 하지만 그러한 방법은 상대방의 서열을 더 높게 만들 뿐이다. 다시 말하지만 연애에서 감성이 70%라면 30%의 이성으로 감성을 조율해야 한다.

그러한 30%의 이성이 감성을 은근히 잡아줄 때 상대방에게 더 호감을 불러일으킬 수가 있는 것이다.

만약 내가 상대방이 너무 마음에 든다고 하더라도 어느 정도만 호감

표시를 하라. 대신 호감 표시를 아예 하지 않으면 상대는 내가 자신에게 관심이 없다고 생각하기 때문에 그것은 좋은 행동이 아니다.

Tip

1. 상대방과 공통분모를 통해 관심사 찾음
2. 유머와 배려로 방어벽을 서서히 무너뜨림
3. 상대방에게 나의 매력을 은근히 보여주며 다음을 궁금하게 만든다.

2

고백할 때

고백을 할 때는 상대적인 시간과 타이밍이 중요하다.

1. 상대방이 나에게 호감을 더 보일 때
2. 내가 상대방에게 호감을 더 느낄 때
3. 둘 다 호감을 조금은 느낄 때

만약 상대방이 나에게 호감을 더 보일 때는 고백은 일사천리이다. 문제는 2번의 경우이다. 내가 상대방보다 호감을 더 느낄 때 중요한 것은 상대방의 나에 대한 호감도이다. 고백은 타이밍이다. 만약 상대방이 준비가 되어 있지 않은데 고백을 하는 것은 굶주린 호랑이와

일대일로 붙는 것과 다름없다. 백전백패다.

2번의 경우 상대방도 나에게 호감은 있는데 내가 더 좋아하는 것인지, 아니면 나만 좋아하는 것인지를 먼저 분간해야 한다.

만약 상대방도 어느 정도 나에게 호감을 보이고 있다고 확신한다면 고백을 진행해도 괜찮다. 하지만 상대방이 나에게 아직 호감이 없을 경우엔 또 다른 전략과 전술을 세워야 할 것이다.

다시 시간을 가지고서 나를 좋아하게끔 그래서 서열을 어느 정도 맞춰야 할 것이다. 그 부분에 대해서는 이미 소개팅을 가지고 얘기했으니 더 거론하지는 않겠다.

상대방의 호감을 확신한다면 다음은 언제 고백을 할 것이냐에 대한 타이밍이다. 먼저 남자든 여자든 감성적으로 되었을 때 마음이 움직일 확률이 높다. 당연히 누구나 알다시피 저녁시간에 확률이 더 높다. 그리고 공복엔 실패할 확률이 높다. 당장 배고파 죽겠는데 무슨 사랑 타령이겠는가?

그렇다면 식사를 하는 중이나 아니면 식사 후 저녁 시간에 심리적 방어벽이 단단하지 않은 때, 즉 날씨나 장소가 너무 춥지도 않고 너무 덥지도 않은 곳에서 그리고 시각적 청각적으로도 감성적인 그런 환경. 예컨대 분위기 있는 장소나 커피숍, 공원 등이 성공확률이 높다.

그런 곳에서 먼저 심리적 경계를 풀 수 있는 편안하면서 기분 좋은 얘기로 어느 정도 상대의 경계를 풀고 나서 자신의 진심을 부담스럽지 않게 얘기하는 것이 포인트이다.

가령, "나 정말 너 좋아해. 그리고 난 너를 끝까지 책임지고 아껴주고…" 이런 말은 상대방이 나한테 충분히 호감을 느꼈을 때는 좋은 고백일 수도 있지만, 상대의 서열이 높을 때, 즉 상대방보다 내가 상대방을 더 좋아할 때는 부담이 될 수가 있다.

그럴 때는 "솔직히 너랑 있으면 맘이 편하고 좋아." 같은 말로 상대방이 부담스럽지 않게 느끼면서 은근한 느낌을 주는 표현이 좋다.

Tip

1. 상대방이 나에게 호감을 느낄 때
2. 상대방이 충분히 감성적으로 되었을 때
3. 상대방에게 자신의 무거운 진심을 부담스럽지 않게 전함

3
연애할 때

1. 상대방이 나를 더 좋아할 때
2. 내가 상대방을 더 좋아할 때
3. 둘 다 좋아할 때

상대방이 나를 더 좋아할 때는 연애에서의 이미 힘의 서열은 결정 된다. 이때는 상대방에게 실수를 하거나 또는 함부로 지배하려 하거나 할 때를 제외하면 연애의 주도권을 쥘 수가 있다. 하지만 그 실수가 크거나 반복적이라면 힘의 기울기가 발생할 수 있으니 주의해야 한다.

또한, 내가 상대방에 대한 연애의 주도권을 지니고 있다고 해서 자만할 필요도 없다. 왜냐하면 언제든지 힘의 기울기는 발생할 수가 있고 또한 연애를 함에 있어서 이성보다는 감성이 더 크게 좌우하고 아무리 지배를 하고 있더라도 내가 상대방에게 호감을 느끼지 못하는 힘의 기울기는 아무런 의미가 없기 때문이다.

내가 더 상대방을 좋아할 때는 나는 을이 되고 상대방은 갑이 된다.

하지만 어떻게 생각하고 행동하느냐에 따라 언제든지 을의 위치는 갑의 위치로 탈바꿈할 수가 있다.

이때 가정해야 할 것은 상대방에 대한 호감이 있고 애정이 있어야 하는 점이다. 하지만 만약 30%의 두뇌와 전략이 개입된다면 이끌려 다니는 연애가 아니라 주도적인 연애를 할 수 있게 된다.

첫 번째 방법은 심리의 활용이다.

예를 들어, 놀이동산을 생각해 보자. 처음에 바이킹을 타고 롤러코스터를 타는 것보다 회전목마나 범퍼카를 타고 롤러코스터를 타는 것이 훨씬 스릴이 넘칠 수가 있다. 왜냐하면, 상대적인 심리가 작용하기 때문이다.

즉, 느림과 느림 또는 빠름과 빠름을 섞는 것보다 빠름과 느림, 서두름과 여유를 적절히 활용했을 때 심리적 크기는 더 크게 느껴진다.

마치 오늘도 추운데 내일도 추운 것보다 오늘까지는 따뜻했는데 내일이 추워질 때 체감온도의 차이가 다르게 느껴지는 원리와 같다.

연애를 할 때 내가 상대방을 아무리 더 좋아해도 어제까지 매우 잘해주다가 며칠 동안 소홀해지면 상대방을 복잡하게 만들게 할 수 있다. '요새 이 사람이 나한테 왜 그렇지? 좋아하는 사람이 생겼나? 내가 싫어졌나?' 물론 그 생각이 들키거나 시간이 오래간다면 상대방은 자연스럽게 마음을 접을지도 모른다. 그래서 상대적 타이밍이 중요한 것이다.

그런 것이 아니라, 매일 전화를 같은 시간에 문자를 같은 시간에 하다가 어느 날은 잠시 연락을 뜸하게 하는 것이다. 그렇게 하면 상대방에게 온탕과 냉탕을 왔다 갔다 하는 느낌을 만들 수가 있다.

즉, 주도권을 갖고 올 수가 있다는 것이다. 중요한 것은 이러한 전략이 상대방에게 들키면 안 된다는 것이다. 들키는 순간 머리를 쓴다고 생각하면서 호감을 잃어버릴지 모르기 때문이다.

두 번째는 침착함과 여유이다. 어떤 사람도 침착하고 냉철한 사람을 이길 수가 없다. 왜냐하면, 그런 사람은 위기에서 강하기 때문이다. 연애를 할 때 위기는 반드시 찾아온다.

가령, 다툴 때 상대방이 헤어지자고 했을 때 세 가지 선택사항이 있다. 먼저 나 역시 동의를 한다. "그래 헤어지자." 두 번째는 "다시

한 번 생각해봐."라고 회유를 하는 것이다. 마지막으로 "…" 가만히 있는 것이다.

첫 번째의 경우 감성적으로 헤어지자고 했을 때는 상대방의 페이스에 말릴 확률이 높다. 하지만 차분하게 애기할 경우는? 그때는 상대방이 헤어질 마음이 없는데 그렇다면 당황할 수가 있다. 즉 더 중요한 것은 '상대방이 헤어질 마음이 있는지 없는지'를 알아차리는 것이다. 그것을 알아차렸을 때는 손쉽게 서열을 바꿀 수가 있다. 또는 얻어 걸리기 식으로 질렀는데 그것이 통할 때도 있다. 하지만 그러한 방법은 위험부담이 너무 크기 때문에 권하고 싶은 방법은 아니다.

마지막으로 침묵을 지키는 것이다. 이 방법도 차분히 생각하면서 시간을 벌 수가 있고 또한 상대방을 심리적으로 초조하게 만들 수 있는 좋은 방법이 될 수가 있다. 물론 헤어지려는 마음이 없다는 가정하에서다.

처음엔 내가 또는 상대방이 더 좋아했는데 어느새 상황이 역전되어 있는 경우는 바로 상대방의 심리를 잘 활용했을 때이다.

둘 다 좋아할 때 역시 그 힘의 기울기가 팽팽하다가 심리와 침묵을 잘 활용할 때 기울기가 달라질 수가 있다.

연애는 말 그대로 상대방에게 감정을 느끼는 것이다. 그렇기 때문에 이성이 감성보다 중요하지 않을 수밖에 없다.

하지만 그 작은 이성이 상대방의 감성을 지배할 수도 있기 때문에 주의해야 한다. 왜냐하면, 영리함과 영악함은 다르기 때문이다. 영리함을 넘어서 상대방에게 피해를 주거나 상대방에게 상처를 주는 행동은 언젠가 인과응보라는 말처럼 반드시 자신에게 되돌아오게 되어 있다.

Tip

1. 침착함과 평정심을 유지
2. 때로는 이성적 때로는 감성적 접근
3. 상대방에게 친근함과 진실함으로 신뢰를 줌

4

감정적일 때

1. 내가 더 감정적일 때
2. 상대방이 더 감정적일 때
3. 둘 다 감정적일 때

연애를 하다 보면 감정적으로 상황이 바뀔 때가 많다. 이때 상황에 감정적으로 대처하다 보면 본의 아니게 상대방에게 상처를 주거나 실수를 할 확률이 높기 때문에 감정적으로 나오는 사람이 을의 위치가 된다.

이것은 비단 연애의 상황뿐만 아니라 일반적인 상황에서도 마찬가지이다.

이럴 때는 먼저 세 가지 경우의 수를 놓고 생각해 보아야 한다.

먼저 내가 더 감정적일 때는 일단 상황을 객관적으로 판단하려는 눈이 필요하다. 그 상황에서 객관적으로 내가 잘못을 했다면 진심으로 사과를 하는 것이 상황을 최소한 불리하게는 만들지 않을 수 있다.

두 번째는 상대방이 더 감정적일 때이다. 이때는 상대방에게 바로 잘못을 얘기하는 방법보다는 상대방이 흥분을 가라앉힐 때까지 기다리는 것이 현명한 방법이다. 상대방이 감정적으로 흥분해 있을 때 어떤 문제를 해결하는 것은 효율적이지 않다. 그럴 때는 그 사람의 시각이 객관적으로 될 수 있도록 차분한 대화를 통해 도와준다거나 또는 감정이 차분해지도록 기다려 주는 것이다.

둘 다 감정적일 때도 마찬가지이다. 객관적으로 이 상황에서 어떤 것이 잘못이고 무엇을 잘못했는지를 차분히 생각하는 것이 중요하다. 그래야만 서로에게 상처를 주거나 힘의 기울기에서 을의 위치에 서지 않을 수가 있다.

이처럼 감정적으로 흥분한 상태는 힘의 기울기에서 을의 위치에 설 확률이 높다.

여기서 감정적이라는 상태는 연애에 있어서의 감정을 얘기하는 것이 아니라 흥분이나 동요상태를 얘기하는 것이다. 만약 상대방이 습관적으로 감정적일 때는 그것을 다 수용해서는 안 된다. 그렇게 되면 상대방은 그러한 것을 당연시하고 악순환의 고리처럼 되풀이된다.

그렇기 때문에 마지노선을 두어서 그러한 한계를 넘어갈 때는 단호하게 그리고 냉정하게 상대방에게 얘기를 해야 한다. 일명 충격요법이다.

가령, '이러한 부분을 자제하지 않으면 내가 못 견딜 거 같아. 그런 부분을 알아줬으면 해.'라고 얘기하는 것이다. 이러한 방법은 자주 쓰면 오히려 역효과가 난다. 마치 평소에 싸움을 안 하는 친구가 화를 낼 때 그 효력이 크게 발휘되는 것처럼 참고 참았다가 얘기하는 것이 더 상대방에게는 크게 다가올 수가 있다.

Tip

1. 냉철하게 상황을 분석
2. 객관적으로 나의 잘못인 경우 진심으로 사과
3. 습관적일 때는 때로는 상대방의 보상심리를 냉정히 외면해야 함

5
고집을 부릴 때

1. 내가 더 고집을 부릴 때
2. 상대방이 더 고집을 부릴 때
3. 둘 다 고집을 부릴 때

연애를 할 때 고집을 부릴 때만큼 난감할 때가 없다.

그럴 때는 먼저 그 고집이 정당한가를 파악해야 한다. 충분히 그럴만한 상황일 때는 그것에 대해 수용하고 스스로 바꾸려는 노력을 해야 한다. 문제는 그 고집이 억지이거나 습관적일 때이다.

상대방의 고집을 내버려두게 되면 점점 사태는 극으로 치달을 수가 있다. 즉, 그럴 때는 내가 수용할 수 있는 부분과 수용할 수 없는 부분을 객관적으로 생각해서 판단해야 한다.

먼저 내가 더 고집을 부릴 때는 그것이 그럴만한가를 생각해야 한다. 만약 이성적으로나 객관적으로 그럴 수밖에 없는 상황일 때는 오히려 고집을 부릴 때가 좋을 때도 있다. 상대방이 수용 가능한 범위 내에서 말이다.

가령, 어렸을 때의 나쁜 추억 때문에 공포물을 볼 수가 없는 상황인데 상대방이 계속 보자고 하는 것은 이성적으로 용납하기가 어려운 상황이다. 이럴 때는 상대방이 이해를 할 수 있게 얘기를 해서 설득을 해야 한다.

하지만 상대방은 자장면이 먹고 싶은데 나 역시 자장면을 먹을 수 있는 상황임에도 짬뽕을 고집하는 것은 상대방을 피곤하게 만들어 오히려 힘의 기울기에서 갑의 위치를 박탈할 수가 있다.

그러면 상대방이 고집을 부릴 때는 어떡할까? 그럴 때는 역시 그것이 고집을 부릴 상황인가, 그리고 내가 그 고집을 수용할 수 있는가를 생각해야 한다. 그 고집이 객관적으로 나의 잘못이나 당연히 그럴 수 있는 상황이라면 용인해야 한다.

하지만 상대방이 습관적으로 나올 때는 문제가 된다. 그것은 마치 어린아이가 사탕을 더 먹고 싶어서 떼를 쓰는 것과 같고 어린아이는 계속 억지를 씀으로써 자신이 요구하는 것을 얻게 된다.

그렇기 때문에 그러한 것을 미연에 방지하려면 때론 단호하게 '안 돼!'라고 얘기해야 한다. 순간적으로 그것이 상대방에게 상처를 줄 수도 있지만, 오히려 방치를 하게 되면 파국을 맞이할 수 있기 때문에 때로는 냉정하게 얘기하는 것이 서로를 위해 도움이 되는 것이다. 또한, 그렇게 함으로써 상대방에게 지배를 당하거나 끌려다니는 것을 방지할 수 있게 된다.

Tip

1. 고집을 부리는 원인을 객관적으로 분석
2. 마지노선을 두고 수용을 함
3. 객관적으로 허용할 수 없는 조건일 때는 단호하게 얘기해야 함

6
우유부단 할 때

1. 내가 우유부단할 때
2. 상대방이 우유부단할 때
3. 둘 다 우유부단할 때

연애를 하면서 내가 또는 상대방이 우유부단하게 나옴으로써 연인 사이를 멀어지게 하는 경우가 있다. 우유부단하다는 것은 어떨 때는 힘의 기울기에서 갑의 위치를 차지할 수도 있다. 왜냐하면, 상대방으로 하여금 조급함을 만들 수 있기 때문이다. 하지만 그것이 반복이 되면 상대방이나 나를 지치게 함으로써 급격하게 힘의 기울기를 기울게 만든다.

내가 우유부단할 때는 처음엔 상대방을 자극할 수 있을지는 모르지만, 상황을 악화시킬 수가 있기 때문에 고치려는 노력을 하는 것이 중요하다. 왜냐하면, 상대방을 피곤하게 만들 수도 있고 관계를 소원하게 만들기도 하기 때문이다.

만약 상대방이 우유부단 할 때는? 먼저 상대방이 왜 그렇게 하는지를 이성적으로 파악해야 한다. 나에게 관심이 없는 것인지, 아님 밀고 당기기를 하는 것인지 또는 성격인지 말이다. 나에게 관심이 없을 때는 상대방이 나를 좋아하게 만들어야 한다. 상대방이 매력을 느끼는 부분을 잘 파악해서 내가 상대방에게 호감을 살 수 있는 포인트를 찾아야 한다.

하지만 상대방이 밀고 당기기를 하는 경우는? 만약 당신이 상대방의 밀고 당기기를 눈치 챘다면 쾌재를 불러라. 왜냐하면, 오히려 상대방의 그런 부분을 여유와 침착함으로써 역이용할 수 있기 때문이다.

이 전략은 가령 상대방이 나에게 자주 연락하다가 가끔 연락 또는 갈팡질팡할 때 당신도 같은 방법으로 대하는 것이다. 다만 상대방이 밀고 당기기를 하는 것이 아닌데 당신이 그렇게 받아들여 하는 것이라면 헤어짐의 리스크를 감수해야 할 것이다.

또한, 상대방의 우유부단함이 습관적일 때는 상대방의 상황을 지켜보면서 리더십이나 선택을 할 수 있도록 유도를 해야 한다. 그렇지 않으면 연애가 지지부진하게 될 수도 있다. 그래도 상대방이 변하지 않을 때는 당신도 상대방과 같은 방법을 쓰거나 오히려 더 함으로써 상대방이 역지사지를 느끼게끔 유도하는 것이 좋다.

Tip

1. 상대방의 반응을 살핌
2. 상대방에게 가끔씩 결정을 하도록 유도
3. 그래도 우유부단할 때는 나도 결정을 하지 않음으로써 상대방을 답답하게 만듦

7 실수를 했을 때

1. 내가 더 실수했을 때
2. 상대방이 더 실수했을 때
3. 둘 다 실수했을 때

연애를 하다 보면 실수를 할 수 있는 상황이 벌어지게 된다. 이것은 이성과의 관계뿐만 아니라 일반적인 관계에서도 얼마든지 일어날 수 있는 부분이다. 문제는 실수를 했을 때 어떻게 대처하느냐이다.

만약 상대방에게 내가 실수를 한 상황이라면 깔끔하게 진심을 다해 사과를 해야 한다. 그래야 상대방도 뒤끝도 없고 힘의 기울기에서 역전을 당하지도 않는다.

상대방이 실수를 했을 때는?

그럴 때는 그 실수가 가볍거나 용납 가능한지를 생각해 보아야 한다. 왜냐하면, 누구나 실수를 할 수가 있기 때문에 오히려 그러한 실수를 용인하지 않게 되면 상대방에게 성격적으로 책잡힐 수 있게 된다. 그렇게 된다면 당신이 원하는 힘의 기울기에서 지배를 하기는 커녕 오히려 지배를 받게 된다.

문제는 상대방의 실수가 한계치를 넘어가거나 반복이 될 때이다. 그런 부분에 대해서는 단호하게 얘기해야 한다. 그렇지 않으면 상대방은 같은 실수를 반복하거나 '이렇게 해도 용서해 주겠지?'라는 생각을 하게 된다.

인간은 참 간사한 동물이다. 상대방이 나에게 잘해주면 자신도 모르게 상대방을 편하게 생각하는 것을 넘어 '이렇게 해도 되겠지?'라는 안일한 생각을 하게 된다. 따라서 연애에서 주도권을 잡으려면 그 한계치를 넘어가지 못하게 힘의 기울기를 반드시 조율해야 한다. 그래야 상대방의 마음을 지배하는 연애를 할 수가 있다.

둘 다 실수를 했을 때는 그 실수가 누구로 인해서 더 벌어진 것인지를 생각해야 한다. 내가 실수를 한 부분에 대해서는 먼저 깔끔하게 사과를 하는 것이 중요하다. 그러고 나서 상대방의 잘못을 얘기해야 한다. 많은 사람들이 자신의 잘못에 대해서는 관대하고 상대방의 잘못에 대해서는 엄격하다. 하지만 결과적으로 그러한 선택은 스스로 족쇄, 즉 인간관계에서 다른 사람들을 피곤하게 함으로써 힘의 기울이기에서 늘 을의 위치를 자초하게 된다.

Tip

1. 객관적으로 납득할 수 있는 가를 생각
2. 이해할 수 있는 실수는 넘김
3. 객관적으로 이해할 수 없는 실수, 반복적인 실수에 대해서는 단호하게 얘기

8

다툴 때

1. 내가 더 잘못했을 때
2. 상대방이 더 잘못했을 때
3. 둘 다 잘못했을 때

누가 더 잘못했느냐에 따라 힘의 줄다리기가 형성된다.

먼저 내가 더 잘못했을 때는 나는 을의 위치가 된다. 이때는 깔끔하게 상대방에게 내 잘못을 진심으로 얘기하는 것이 중요하다. 그리고 잘못을 얘기하는 것으로 그치지 않고 앞으로 어떻게 달라질 것인지를 구체적으로 얘기해서 상대방의 신뢰를 얻는 것이 좋은 방법이다.

또한, 이때 주의할 점은 자존심을 세우면 안 된다는 것이다. 자존심은 서열이 팽팽해질 때 가능하지만, 이럴 때는 신뢰회복을 하는 것이 더 중요하기 때문에 상대방에게 믿음을 심어주도록 보다 확실한 노력을 해야 한다.

상대방이 더 잘못했을 때는 일단 위치가 분명하기 때문에 수월하다. 하지만 이때 인격적인 지적을 하거나 상대방의 자존심을 무너뜨리는 행동을 하지 않도록 주의해야 한다. 그럴 때는 다시 힘의 기울기 조정이 생기기 시작하기 때문이다. 좀 더 영리하게 상황을 지배하기 위해서는 그런 부분을 조심해야 힘의 기울기에서 우위를 차지할 수 있다.

문제는 둘 다 잘못 했을 때이다.

이때는 서로 간의 자존심이 팽팽할 수 있기 때문에 조심스럽게 행동해야 한다. 먼저 서로가 흥분상태가 가라앉도록 어느 정도 시간을 가져야 한다. 흥분상태일 때 어떤 일을 해결하는 것은 오히려 상황을 악화시킬 수가 있다. 물론 너무 많은 시간이 흘러서는 안 된다. 몇 시간, 며칠의 물리적인 시간이 아니라 서로가 진정이 되는 심리적 상대적인 시간을 얘기한다.

그러는 동안 어떤 부분 때문에 갈등이 일어났는지를 명확하고 객관적으로 파악하는 것이 중요하다. 왜냐하면, 그런 명확한 판단이 없으면 다시 같은 일로 다툼이 반복되기 때문이다.

그런 다툼의 원인이 파악이 됐다면 상대방의 고충을 감성적으로 이해하면서 그리고 나서 서로간의 다툼의 원인에 대해 부드러운 방식으로 얘기해야 한다. 이때 서로가 감정적으로 얘기하거나 소리를 높여서 얘기하게 되면 다시 문제는 원점으로 가게 된다.

Tip

1. 상대방이 편안해 지길 기다림
2. 다툼의 원인을 객관적으로 파악
3. 상대방의 고충을 감성적으로 공감하면서 자신의 잘못을 먼저 얘기한 후 상대방의 잘못을 권유형으로 이야기 함

9

헤어지자고 할 때

1. 상대방이 나를 더 좋아할 때
2. 내가 상대방을 더 좋아할 때
3. 둘 다 좋아할 때

(커피숍에서)

여 : 나 할 얘기 있어.

남 : 뭔데?

여 : 우리 헤어져.

남 : ?

헤어지자고 하는 것은 연애를 하는 사람에게는 청천벽력과 같은 소리일 것이다.

내가 더 상대방을 좋아할 때는 당연히 헤어짐을 막아야 한다. 그래서 전략이 필요하다. 먼저 상대방이 헤어지자고 하는 얘기가 진심인지 또는 나를 실험하게 하기 위함인지를 생각해야 한다.

만약 진심이라면 왜 헤어지려고 하는지에 대한 이유를 정확히 이해하고 그 부분을 개선하려는 노력을 해야 한다. 분명 헤어짐의 이유가 진심이라면 그 원인은 나에게 있을 수 있다. 따라서 상대방에게 내가 앞으로 어떤 잘못을 했는지 그리고 앞으로 어떻게 노력을 할 것인지를 구체적으로 얘기함으로써 상대방에게 신뢰를 줘야 한다.

그렇게 노력을 했는데도 상대방이 마음이 떠난다면 그것은 사실 어쩔 수가 없다.

하지만 상대방의 얘기가 나를 실험하거나 홧김에 얘기하는 것이라면 사정은 다르다. 그럴 때는 침묵을 지키거나 타이밍을 뺏음으로써 상대방에게 충격을 줄 수가 있다. '이 사람이 그냥 내 말을 다 들어주지는 않는구나.'라는 생각을 심어줘야 한다.

물론 이 방법은 상대방의 심리와 타이밍 그리고 상황을 잘 파악하고 해야 한다. 그렇지 않으면 정말 파국을 맞이할 수도 있기 때문이다.

상대방이 나를 더 좋아할 때는 오히려 쉬울 수가 있다. 하지만 여기에는 함정이 있다. 상대방이 나를 더 좋아해도 내가 상대방을 지치게 하거나 돌이킬 수 없는 실수로 상대방이 헤어지자고 한다면 그것은 자신의 진심을 보이는 방법 외에는 해결책이 없다.

즉, 연애에서 힘의 기울기는 상당히 가변적이기 때문에 내가 상대방을 지배한다고 해도 자만할 필요도 없고 상대방이 나를 지배한다고 해도 위축될 필요도 없다. 연애를 잘하거나 주도적인 연애를 하는 사람은 바로 상대방의 심리와 타이밍을 잘 아는 사람이다.

둘 다 좋아하는데 헤어지는 것은 참 안타까운 일이다. 그럴 때는 헤어지면 안 되는 상황이므로 왜 이런 사태까지 오게 되었는지 그리고 어떻게 서로 노력할 것인지를 확인하면 다시 사랑은 돌아올 수가 있다. 헤어지는 원인은 워낙 다양하기 때문에 어떠한 한 부분으로 귀결하거나 방법을 정의내릴 수는 없다. 하지만 중요한 것은 서로가 좋아하는 다는 것을 확인하는 것이다. 그러한 부분만 전제가 되면 연애는 얼마든지 지속될 수가 있다.

다만 헤어짐의 원인을 아주 객관적으로 이성적으로 파악해야 한다. 어떤 부분이 상대방에게 상처를 준건지 그리고 어떻게 말하거나 행동을 하면 서로 상처를 받는 것인지 즉, 원인을 파악해 극단으로 가게 되는 그 요인을 제거해 주면 되는 것이다. 그렇기 위해서는 쌍방의 노력과 신뢰가 선행되어야 한다.

이처럼 연애를 할 때의 변수는 너무나 다양하고 이성의 마음을 지배하기 위해서는 30%의 지성적 전략이 필요하다. 영리함과 영악함이 다르듯이 연애를 절대 머리로 해서는 안 된다. 그것은 연애가 아니라 협상이 되어 버린다.

영리한 연애란 연애의 감정을 오래 지속하기 위한 긍정적인 노력이어야 한다. 상대방에게 상처를 주거나 상대방에게 해를 끼치는 연애는 절대 오래갈 수가 없다. 연애의 첫 번째 조건은 무엇보다도 '진심'이기 때문이다.

Tip

1. 평정심과 침착함을 유지
2. 헤어지려는 이유에 대해 충분히 경청
3. 상대방의 불만을 충분히 공감하고 자신의 잘못에 대해 진심어린 수긍과 개선에 대한 구체적인 노력방법 제시

part 5.

상황을 지배하는 대화법

1
싫은 사람과 대화할 때

1. 상대방을 아예 안 볼 생각인지
2. 상대방을 계속 봐야 하는 상황인지
3. 상대방을 볼지 안 볼지 애매할 때

싫은 사람과 대화할 때 주의할 점은 과연 이 사람을 아예 안 볼 생각인지 아니면 계속 봐야 하는 상황인지 또는 애매한 상황인지를 생각해야 한다.

먼저 싫어하는 티를 내면 안 된다. 왜냐하면 싫어하는 티를 내는 순간 이미 감정적이기 되기 때문에 상대방으로 하여금 나의 감정과 상태가 읽히기 되고 또한 그러한 것은 긍정적인 상황을 만들기 어려우므로 좋은 방법이 아니다.

상대방을 아예 안 볼 생각이라면 조금 더 편하게 생각하면 된다. 어떤 사람들의 경우 싫은 사람에게 막 대하는 경우나 막말하는 경우도 보았지만, 세상살이는 인과응보의 상황이 많기 때문에 그러한 태도는 좋은 방법이 아니다. 그런 것보다는 남들을 대하듯이 똑같이 대하는 것이 좋다. 대신 더 이상 그 사람을 신뢰하지 않으면 그만이다.

상대방을 계속 봐야 할 상황이라면 포커페이스를 유지해야 한다. 여기서 포커페이스란 싫어하는 티를 내지 않아야 한다는 것이다.

이것 자체가 연기를 하는 것이지만, 싫어하는 티를 내지 않아야 된다는 말은 스스로도 편안해져야 한다는 의미이다. 왜냐하면, 앞으로 계속 볼 사이기 때문에 신경을 쓸수록 자기만 손해이다.

그리고 신경을 쓸수록 상대방과의 관계에서 힘이 기울게 된다. 차라리 그 사람이 이야기를 할 때 다른 생각을 하는 것도 하나의 방법이다.

내가 그 사람으로 인해 스트레스를 받을수록 점점 더 신경을 쓸 수밖에 없고 객관적으로 상황을 보는 능력이 떨어지게 된다.

Tip

1. 싫어하는 티를 내지 않음
2. 스스로 평정심을 유지
3. 남들을 대하듯이 똑같이 대함

2 사과할 때

1. 상대방이 나의 사과를 받아 줄 것인지
2. 상대방이 나의 사과를 받아 줄 마음이 없는지
3. 상대방이 나의 사과를 받아 줄지 고민할 때

일단 사과를 할 때는 나의 위치는 을이 된다. 그렇기 때문에 잘못을 한 부분에 대해 정확히 사과를 하는 것이 좋다. 왜냐하면, 그래야 상대방이 뒤끝이 없기 때문이다.

그런데 만약 상대방이 내 사과를 받아들인다면 전혀 문제가 되지 않는다. 그렇지만 2번이라면 어떨까? 즉, 상대방이 나의 사과를 받아 줄 마음이 없는데 사과를 해야 하는 상황이라면? 그럴 때는 일단 먼저 진심으로 사과를 하고 난 후 기다리는 것이 좋다. 아무리 해도 상대방이 기분이 풀리지 않으면 풀릴 때까지 사과를 하는 것보다는 풀릴 때까지 기다리는 것이 더 현명한 방법이다.

물론 연인이나 가족, 친구 사이라면 풀릴 때까지 사과를 하는 것이 더 좋을 때도 있지만, 그렇지 않은 경우라면 오히려 해가 될 수도 있다.

즉, 힘의 기울기가 완전히 바뀌게 될 수도 있다는 이야기다.

만약 3번이라면? 즉 상대방이 나의 사과를 받아 줄지 고민할 때는 어떻게 해야 할까?

그럴 때는 상대방의 반응과 상황에 맞게 타이밍 접근을 해야 한다. 즉, 상대방의 방어벽을 미소와 유머 또는 친근함으로 무너뜨리고 나서 상대방이 어느 정도 무장해제가 되었을 때 그때 진심으로 사과를 하는 것이 효율적이다. 무턱대고 사과를 했다가는 오히려 마음의 문이 더 닫힐 수도 있다.

사과할 때의 똑똑한 방법은 상대방의 방어벽을 먼저 무너뜨리는 것이다. 이미 그 사람의 기분이 상해 있을 확률이 높기 때문에 무턱대고 사과를 하는 것보다는 타이밍을 보면서 상대방의 마음이 열릴 수 있도록 비언어적인 즉, 감성적인 방법으로 상대방의 마음을 침투해야 한다.

가령, “지난번엔 미안해. 내 말이 지나쳤던 것 같아. 사과할게.”라고 바로 얘기하는 것보다는 "아직도 화 많이 났어? 기분 풀어."라는 말로 상대방의 방어벽을 먼저 누그러뜨린 다음에 상대방의 반응을 보아야 한다. 이때 상대방이 아직 방어가 단단하다면 "지난번엔 정말 미안해. 곰곰이 생각해 봤는데 내 말이 지나쳤던 것 같아."라는 진심을 보이는 것이 좋다.

또한, 방어벽을 무너뜨리거나 진심어린 사과를 할 때도 먼저 비언어적으로 상대방에게 다가가서 눈치를 보면서 미소와 농담으로 상대방의 얼음처럼 차가운 마음을 녹인 다음 부드러운 눈빛과 진심어린 목소리를 동원해서 "진심으로 미안해."라는 말을 하는 것이 상대방의 이성과 감성을 동시에 침투할 수 있는 효과적인 방법이다.

3

부탁할 때

1. 상대방이 무리하게 생각하는 부탁인지
2. 상대방이 수용 가능한 부탁인지

부탁할 때 나의 위치는 을이 된다. 특히 1번의 경우 나의 위치는 무조건 을이 된다. 사실 1번의 경우 상대방이 부탁을 들어주기가 어렵다. 그래서 2번과 3번의 경우를 놓고 생각해야 한다.

만약 상대방이 무리하게 생각하는 부탁이라면 하지 않는 것이 좋다. 왜냐하면, 다음부터 상대방은 나를 만나기를 꺼리거나 부담스러워 할 확률이 높기 때문이다. 물론 당시 상황에 상대방이 어쩔 수 없이 들어줄 수 없는 상황이라면 그다지 부담스럽지 않을 수 있으나 고의적으로 무리하게 생각하는 부탁을 할 때는 그것이 관계를 악화시킬 수가 있다.

가령, 내가 경제사정이 어려운 친구에게 5만 원을 빌려달라는 것과 50만 원을 빌려달라는 것은 상대방의 상대적 심리에 기인했을 때는 그 부담이 수십 배의 차이에 해당될 수가 있기 때문이다.

2번의 경우 상대방이 수용 가능한 부탁일 때는 조금 더 영리하게 생각하는 것이 좋다. 일단 상대가 맘의 준비가 될 때까지 기다려 주는 것이 좋다.

먼저 상대방의 경계심을 침투해야 한다. 무언가를 부탁할 때 상대방은 방어를 하게 되어 있다. 그렇기 때문에 처음부터 자신의 목적을 드러내기보다는 상대방이 부탁을 해도 되는 즉, 시간적으로나 심적으로 편안한 상태인지를 체크해야 한다.

가령, 한창 상대방이 바쁠 때나 중요한 상황일 때 부탁을 하는 것은 상대방의 기분을 배려하지 않는 이기적인 부탁일 뿐이다.

따라서 먼저 상대방이 부탁을 들어 줄 수 있는 편안한 상태일 때를 노리는 것이 첫 번째 방법이다. 그러고 나서 상대방에게 나의 사정을 분명히 얘기하고 왜 그런 부탁을 하는지에 대해 역시 상대방이 부담스럽지 않게 조심스럽게 얘기하는 것이다.

또한, 일방적으로 나의 부탁을 얘기하는 것이 아니라, 상대방이 어느 정도 수용 가능한지를 부드러운 분위기 속에서 얘기를 하는 것이 중요하다. 첫째도 둘째도 부탁할 때는 상대방에게 부담을 최대한 덜어주는 것이 포인트이다.

상대방이 부담을 갖게 되는 순간 나와의 관계에 있어서 소원해지거나 꺼려질 수 있기 때문에, 상대방에게 충분히 나의 입장과 수용가능 여부에 대해 상대방의 입장을 먼저 고려하면서 얘기를 하는 것이 중요하다.

4 거절할 때

1. 상대방의 제안을 어느 정도 수용할 것인지
2. 상대방을 제안을 완전히 거절할 것인지

거절을 할 때 첫째로 생각해야 할 것은 내가 그 사람의 제안을 어느 정도 수용하고 거절할 것인 지이다.

1번의 경우처럼 상대방의 제안에 어느 정도 수용이 가능할 경우에는 그 수용 가능한 제안에 대해 긍정적인 답변을 주고 수용 가능하지 않은 제안에 대해서는 정확히 답변을 해야 한다.

그래야 상대방이 제안에 대해 기대치를 가져야 할 부분과 기대치를 갖지 않아야 할 정도를 구분할 수가 있게 된다.

만약 상대방의 의견을 거절해야 할 상황이라면? 거절에서 제일 중요한 포인트는 상대방이 최대한 기분이 상하지 않게 얘기하는 것이다. 즉, 논리적으로 왜 거절을 할 수밖에 없는지를 얘기하는 것과 동시에 음성과 감정을 최대한 부드럽게 유지하며 얘기하는 것이다.

그렇기 위해서는 먼저 상대방이 긴장을 덜 할 수 있는 상황을 먼저 만들어야 한다. 가령, 사람이 많은 자리에서 거절한다거나 아니면 내가 바쁜 상황 속에서 상대방에게 대충 얘기하는 것은 상대방에게 감성적으로 더 상처를 줄 수가 있다.

그렇기 때문에 되도록이면 나와 상대방이 조금 편안한 자리나 상태에서 말을 하는 것이 중요하다. 또한, 말을 할 때는 거절을 하는 이유에 대해 분명히 얘기를 하는 것이 좋다. 거절 사유에 대해 분명하게 얘기를 하지 않으면 오히려 상대방이 더욱 자기만의 상상을 하게 만들어 오해를 살 수가 있다. 따라서 왜 거절을 할 수 밖에 없는지를 부드러운 분위기와 목소리를 유지하면서 얘기를 해야 한다.

여기서의 부드러운 목소리와 분위기란 이런 것이다.

"나한테 돈을 빌려달라고 했는데 지금 내가 돈이 없어서 빌려주기가 힘들 것 같아."라고 얘기하는 것과 "미안한테 내가 지금 형편이 좋지 않아서 돈을 빌려주는 게 좀 어려워."라고 얘기하는 것은 비슷한 말이지만 느낌이 다르다는 것이다.

첫 번째의 말은 논리적으로 거절 사유에 대해 얘기를 한 것이지만 상대방의 감성을 달래지 못했기 때문에 좋은 거절의 방법은 될 수가 없다. 물론 두 번째의 경우도 거절을 당한 것이기 때문에 기분이 좋지는 않을 것이다. 하지만 거절하는 사람이 자신의 거절사유를 미안함을 더해 얘기를 했기 때문에 상대방이 입는 상처는 아무래도 줄어들 수밖에 없다.

이처럼 거절을 하는 사유도 중요하지만 거절을 할 때의 분위기와 태도가 얼마나 중요한 지를 생각해 볼 필요가 있는 것이다.

그렇기 때문에 거절을 할 때는 상대방의 기분을 헤아리면서 거절사유와 더불어 상대방에게 감성적인 공감을 이끌 수 있도록 노력을 해야 나도 상대방도 서로 기분이 상하지 않는 거절이 될 수가 있다.

5

약속할 때

1. 지킬 수 있는 약속일 때
2. 지킬 수 없는 약속일 때
3. 지킬 수 있을지 없을지 애매할 때

약속을 할 때의 상황이나 조건에 따라 갑과 을의 위치 또는 팽팽한 관계가 유지된다.

가령 그 약속이 아빠와 딸의 관계에서 '네가 성적이 잘 나오면 예쁜 인형을 사주겠다.'라는 약속이라면 아빠가 갑의 위치에 서게 된다. 연인 사이에서 남자가 여자에게 '내가 이번에 잘못했으니까 선물을 사주겠다.'라고 한다면 남자는 을의 위치가 된다.

먼저 약속을 할 때는 신중히 생각해야 한다. 지킬 수 있는 약속을 하지 않으면 을의 위치가 되어 버린다. 가령 '네가 성적이 잘 나오면 예쁜 인형을 사주겠다.'라고 얘기했는데 딸이 '그럼 나 이거 사줘.' 하면서 금액대를 봤는데 그 인형이 100만 원이다. 하지만 기분이 좋았기에 수락한다. 하지만 그 금액은 아빠의 형편에 맞지 않았다. 그럼 그때부터는 아빠가 을의 위치가 된다.

그때부터 아빠는 걱정에 앞선다. 그 당시에는 기분이 좋아서 얘기를 했지만, 그 정도의 형편이 안 되기 때문에 딸이 성적이 올라도 문제가 된다. 그럼 그때부터 딸의 눈치를 보게 된다.

만약 이것이 계약과 같은 큰 약속이라면 문제는 심각해진다.

집을 계약하려고 하는데 한 달 뒤 입주를 목적으로 계약을 했다. 집 가격이 2억 원인데 8천만 원을 대출이 나온다고 알고 계약을 했는데 실제는 6천만 원 밖에 나오지 않았다. 계약을 하기 전에 조금만 더 꼼꼼했으면 지킬 수 있는 약속이었는데 지금은 계약을 취소해야할 처지에 놓인 것은 물론 위약금을 물어야 할 상황이 되었다.

이처럼 약속은 매우 평정심이 유지된 상태에서 지킬 수 있는 약속 조항을 꼼꼼히 따진 후 해야 한다.

한 순간의 감정적인 결정이 갑의 위치에서 을의 위치로 바뀌게 한다.

따라서 지킬 수 없는 약속은 처음부터 하지 않는 것이 좋고, 어느 정도 지킬 수 있는 약속인지를 분명히 생각하는 것이 좋다. 또한, 그 약속이 스스로에게 부담이라면 바로 약속을 성사시키지 말고 조금 시간을 두고 객관적으로 지킬 수 있는 것인지 없는 것인지를 파악하고 얘기하는 것이 영리한 방법이다.

왜냐하면, 약속을 한 순간, 약속이라는 말을 내뱉는 순간 서로간에 책임이 따르기 시작하기 때문에 약속을 잘 못했다가는 서로간의 관계가 갑자기 역전이 되거나 또는 신뢰를 잃어버리는 상황에 이를 수가 있다.

마찬가지로 약속을 지킬 수 있을지 없을지 애매한 상황일 때도 바로 약속을 명시하는 것보다 침착하게 시간을 갖고 생각을 해서 지킬 수 있을 때 말을 하는 것이 훨씬 영리한 방법이다. 신뢰를 유지하는 것은 매우 어렵지만, 신뢰를 잃어버리는 것은 정말 한 순간이기 때문에 특히 약속을 할 때는 그러한 부분을 충분히 생각하고 실행해야 하는 것이다.

6

갈등이 생길 때

1. 갈등이 해결될 수 있는 상황일 때
2. 갈등이 해결될 수 없는 상황일 때
3. 팽팽한 대치상황일 때

갈등이 생길 때는 다양한 생각을 해야 한다.

먼저 갈등이 해결 될 수 있는 상황일 때는 침착하게 어떤 부분 때문에 갈등이 생겼는지를 파악해야 한다. 여기서 침착하라는 의미는 서로 갈등을 파악할 수 있는 환경을 만들라는 의미이다.

상대방이 대화를 통해 차분히 얘기할 수 없는 흥분상태이거나 감정이 있는 상태일 때 대화를 하는 것은 무의미하다. 이때는 조금 흥분을 가라앉힐 수 있도록 기다려준다거나 또는 말로 진정을 먼저 시키는 것이 중요하다.

일단 서로 침착한 상태가 된다면 서로 간의 입장을 경청하면서 갈등의 원인을 차분하게 찾아야 한다. 그리고 갈등을 해결할 수 있는 상황인지 그렇지 않은 상황인지를 생각해야 한다.

갈등의 원인을 찾은 경우는 그 갈등이 일어나는 시발점을 일으키지 않도록 서로 각별히 주의하는 것이 좋다.

가령, 가족 간에 평소에는 너무나 원활한 관계를 유지하지만, 부모가 잔소리를 할 때마다 자식이 짜증을 내는 상황이라면 먼저 부모가 자식의 입장에서 잔소리를 듣는 것이 왜 고통스러운 것인지를 이해하는 것이 좋다. 그리고 자신의 입장에서 잔소리를 하는 이유를 얘기해야 한다.

그러면 자식 역시 부모가 잔소리를 하지 않도록 행동을 주의해야 하고, 부모 역시 자식에게 두 번 이상 같은 얘기를 하지 않도록 신경 쓰는 것이 갈등을 해결 할 수 있는 지름길이다.

만약 갈등이 도저히 해결할 수 없는 상황이라면?

가령, 너무나 서로 앙금이 커서 갈등을 해결할 수 없거나 서로 양보하기 싫은 경우라면 시간을 갖는 것이 낫다.

물론 너무 많은 시간이 지체되도록 흘려보내는 것은 현명한 방법이 아니다. 시간을 가지면서 서로 간의 입장에서 충분히 생각해 볼 수 있도록 역지사지의 긍정적인 시간이어야 한다.

그러고 나서 다시 갈등을 해결할 수 있는 상황이 되었을 때 차분히 서로 간의 입장을 경청하면서 원인을 차분하게 분석하고 갈등이 일어나는 시발점을 어떻게 없앨지를 양보와 타협을 통해 해결하는 것이 중요하다.

Tip

1. 침착한 대화로 상대방의 입장 경청
2. 갈등의 원인을 차분하게 분석
3. 상황에 맞게 윈윈할 수 있는 구체적인 솔루션 제공

7

타협할 때

1. 내가 더 양보해야 하는 경우
2. 상대방이 더 양보해야 하는 경우
3. 서로 양보해야 하는 경우

타협을 할 때의 포인트는 '어떻게 해야 서로가 원활한 합의점을 찾는 것인가.'이다.

협상과는 달리 타협은 서로가 '내가 하나를 양보할 테니, 너도 하나 양보해 주세요.'라는 생각으로 접근하는 것이다. 즉, '나는 양보를 안 할 것이니 너만 양보하세요.'라는 생각으로는 절대 타협을 이룰 수가 없게 된다.

가령, 상대방은 치킨을 먹고 싶은데 나는 피자를 먹고 싶어 한다. 그럴 때 가장 현명한 타협 방법은 치킨과 피자를 동시에 시켜서 먹는 것이다. 이러한 타협을 절충적 타협 또는 윈윈 타협이라 하는데, 나도 얻고 상대방도 얻는 타협이야말로 최고의 타협이 될 수가 있다.

하지만 꼭 하나만을 시켜야 하는 상황이라면?

그럴 때는 둘 중의 한 명이 양보를 해야 한다. 이때는 서로가 양보를 하지 않으면 마찰을 일으킬 수밖에 없기 때문에 서로 간의 원활한 관계를 위해서 누구 한 명이 반드시 양보를 해야 한다.

이때는 '그럼 이번엔 치킨을 먹는데 다음엔 피자를 먹자.'라고 얘기하는 것이 좋다. 어차피 인간관계에서 지속적인 양보나 지속적인 배려는 없다. 신이나 부모님의 사랑 외의 모든 인간관계는 기브 앤 테이크이다.

생각해 보라. 우리가 어떤 맛있는 음식을 먹을 때는 그 음식이 나에게 좋은 맛을 제공하기 때문이고, 여행지를 가는 이유는 그 여행지가 나에게 좋은 볼거리를 제공하기 때문이다. 따라서 상대방이 먼저 무엇을 하기를 바라는 마음은 인간관계를 망치는 원흉이 될 수 있다.

상대방 역시 '그럼 이번엔 피자를 먹고 다음엔 치킨을 먹자.'라고 얘기할 수가 있다. 만약 둘 다 도저히 양보를 할 수 없는 상황이라면?

그럴 때는 서로 치킨과 피자를 따로 먹고 만나는 것이 좋다. 어떠한 경우라도 흥분을 하거나 다투는 경우는 좋지 않다. 생각해 보라. 우리가 인생을 살면서 흥분을 하거나 화를 내거나 감정이 상해서 조금이라도 유리한 점이 있는가?

혹자는 이렇게 말을 하는 경우가 있다. '음식점에 갔는데 종업원에게 좋은 말을 할 때보다 추태를 부렸더니 내 요구를 들어줬다.'라는 경우이다. 하지만 여기서 이 방법에 어폐를 지적할 수 있다. 첫째는 화는 더 큰 화를 불러일으키기 때문에 그러한 방법은 습관으로 고착화되고 결국엔 그와 관계를 맺는 사람들에게 비 호감을 줄 것이다. 또한 마치 담배를 피는 순간에는 스트레스가 해소 되는 것 같지만, 결국엔 스스로의 건강을 갉아먹는 것처럼 화를 내는 순간은 스트레스를 날려버리는 것 같지만, 결국엔 스트레스를 쌓이게 만들어 정신적으로나 신체적으로 악영향을 끼칠 수 있다.

따라서 현명한 타협이란, 서로가 원하는 것을 얻도록 노력하되 그렇지 못할 경우엔 내가 먼저 양보를 하는 것이 서로 간의 원활한 관계를 지속하는데 좋은 방법이 될 수가 있다. 그렇다면 무조건 양보를 해야 할까? 여기서 호감 가는 대화와 영리한 대화의 차이를 얘기할 수 있다.

인간관계에 있어서 호감을 얻는 방법은 상대방에 대한 배려와 이해이다. 즉, 지금은 손해를 보더라도 멀리 보면 그것이 사람을 얻는 방법이다. 이에 반면 영리한 대화는 그 상황에서 손해를 보지 않는 것이기 때문에 타협과 양보에 있어서도 마지노선을 두고 하는 것이 좋다.

즉, '내가 이 정도까지는 양보해도 괜찮다.'라는 생각을 품고 타협을 하는 것이 영리한 타협의 방법이라 할 수가 있다.

8
대중 앞에 설 때

1. 대중의 힘이 클 때
2. 나의 힘이 클 때
3. 팽팽할 때

프레젠테이션, 강의, 면접 등 우리는 대중 앞에 서야 하는 경우를 많이 접해 본다. 그럴 때마다 우리는 을의 위치에 서게 된다. 왜 그럴까? 이미 심리적으로 대중에게 지고 들어가기 때문이다. 대중 앞에 서게 될 때 실제로 보이지는 않지만, 팽팽한 기 싸움이 시작된다.

이것은 마치 극장에 앉은 관객과 영화감독과의 두뇌 싸움과 같다.

영화 시작 후부터 끊임없는 힘의 기울기가 시작된다. 잘 만든 영화라고 하면 그런 힘의 기울기를 지배하는 영화라고 말할 수 있다. 반대로 실패한 영화라면 힘의 기울기 싸움에서 관객이 주도권을 갖는 영화라고 해도 무방하다.

가령 영화 '매트릭스'를 예로 들 때 시종일관 관객은 힘의 기울기에 있어서 감독에게 끌려 다니게 된다. 그래서 영화가 끝나고 나면 관객은 멍해 있고 압도당하는 느낌을 받는다.

대중 앞에 설 때도 마찬가지이다. 그러한 팽팽한 기 싸움에서 승자가 되려면 평정심과 냉철함 그리고 미소와 침묵을 적절히 활용해야 한다.

어느 타이밍에 내 히든카드를 보여줘야 할지를 철저히 계산해야 한다. 그리고 대중 앞에 서기전에 다양한 경우의 수를 예상해야 한다.

대중 앞에 설 때는 누구나 떨게 마련이다. 하지만 그 긴장은 얼마나 평정심을 유지할 수 있는지에 따라서 극복이 가능하다. 그렇기 때문에 대중 앞에 서기 전에 이미 심호흡이나 생각을 통해 침착함을 유지해야 한다.

예를 들어, 대중 앞에 자기소개를 하려는 상황이라고 가정하자. 사람들 앞에 서니 긴장도 되고 살짝 당황스럽다. 하지만 호흡과 생각으로 긴장하는 것을 티 내지 않고 미소로써 스스로 평정심을 유지한다. 사람들 앞에 천천히 내 소개를 한다. "안녕하세요. 저는 000입니다. 보시다시피 전 뚱뚱합니다." 라고 말한다. 사람들이 웃는다. 그때 준비해온 "그만큼 포용력과 붙임성도 뚱뚱합니다." 라고 덧붙인다.

그러면서 평정심과 준비해온 히든카드와 같은 멘트로 대중을 서서히 지배한다.

대중들의 힘이 클 때는 내가 준비해온 것이 없거나, 자신이 없을 때이다. 나의 힘이 클 때는 반대로 준비해온 것이 많거나 배짱이 있을 때이다. 따라서 그러한 평정심을 바탕으로 나만의 무기와 카드를 타이밍에 맞춰 보여주는 것이야말로 대중을 지배할 수 있는 커다란 힘이 될 수 있다.

Tip

1. 대중의 반응에 평정심을 잃지 않음
2. 대중과의 심리전에서 여유와 확신
3. 나만의 카드를 타이밍에 맞춰 보여줌으로써 대중을 지배함

9

자기편을 만들 때

1. 상대를 직접 포섭할 수 있을 때
2. 상대를 직접 포섭할 수 없을 때
3. 상대가 기회를 주지 않을 때

살다 보면 상대를 내 편으로 만들어야 할 경우가 많다. 그럴 때는 세 가지의 위의 상황처럼 경우의 수를 생각해야 한다.

먼저 상대를 직접 포섭할 수 있을 때는 문자나 전화로 시작해서 직접 만남을 주선해야 한다. 상대방과 전화통화로 얘기하는 것과 직접 만나서 얘기하는 것은 신뢰도와 호감도에 있어서 많은 차이가 날 수가 있다.

즉, 첫 번째 방법은 문자. 그것보다 친밀한 방법은 전화. 전화보다 몇 배의 친밀도를 보이는 것은 바로 만남이다. 하지만 이때 주의할 점은 절대 내 목적을 들어내서는 안 된다.

하지만 상대를 직접 포섭할 수 없을 때는?

그럴 때는 간접적인 방법을 택해야 한다. 즉, 주변 인물부터 포섭하는 것이 좋다. 가령 그의 친구나 가까운 지인에게 먼저 접근해서 점수를 따야 한다. 그러려면 친구나 가족 가까운 지인의 취미가 무엇이고 어떤 것을 좋아하는지를 먼저 알고 그들의 방어벽을 무너뜨리는 것이 중요하다.

생각해 보라. 사람들의 경계심이 이제는 너무 커졌기 때문에 모르는 사람이 접근하는 것에 대해 꺼리는 경향도 커졌다. 그렇기 때문에 그 사람과의 친밀감을 쌓으려면 자연스런 상황을 만들어야 한다. 가령, 가족을 아는 사람이 나도 아는 경우라든가 또는, 어떤 식으로든 인연이 있는 사람을 활용하는 방법 또는, 그 사람이 자주 가는 곳을 자연스럽게 가서 낯을 익히는 방법 등이 있다. 그렇게 자연스러운 환경이 만들어지면 대화 역시 상대방이 부담스럽지 않은 대화 즉, 공통관심사를 통한 대화를 이끌어야 한다.

날씨나 음식, 스포츠, 여행 등 누구나 접하기 쉽고 공감할 수 있는 대화를 하라는 것이다. 그리고 한꺼번에 친해지려고 하는 것보다 서서히 그 사람과 친밀감과 유대감을 쌓는 것이 더 중요하다는 것을 명심해야 한다.

그렇게 그들의 마음을 조금씩 얻으면서 원하는 대상과 자연스럽게 연결이 되는 것이다.

Tip

1. 주변 환경이나 사람부터 간접적 접근
2. 공통관심이나 취미를 가지고 다가감
3. 나의 목적을 절대 들어 내지 않음

10

상황을 역전시킬 때

1. 상대방의 허점이 있을 때
2. 상대방의 허점이 없을 때

상황을 역전시킬 때는 일단 내가 상대방보다 불리한 상황이기 때문에 타이밍 전략을 세우는 것이 중요하다.

여기에서 타이밍이란 상대방이 빈틈을 보이거나 그럴 가능성이 있을 때를 두고 그 기회를 노리는 것이다.

가령, '물건을 사려고 하는데 내가 돈이 부족하다. 그런데 나는 그 물건을 사고 싶다.' 그럼 일단 나에게 상황은 불리하다. 그럴 때는 상대방의 허점을 파고들어 을의 위치에서 갑의 위치로 가야 한다. 그중에 하나가 "저기 이 물건을 사려고 하는데 여기 보니까 금이 좀 가 있네요." 또는 "색칠이 벗겨져 있네요." 등의 흠을 발견해서 얘기를 하는 것이다. 처음엔 내가 을의 위치이지만, 상대방의 허점을 발견하는 순간 위치는 역전된다.

이는 거래를 할 때뿐 아니라, 인간관계에서 협상을 할 때도 마찬가지이다. 가령, 친구와 중요한 약속을 할 때 "이 얘기 절대 얘기하지 마."라고 말할 때는 나의 상황을 얘기하게 되면 불리한 상황에 처하게 된다. 즉, 을의 위치에 서게 된다. 이럴 때는 "이 얘기 절대 하지 마. 그럼 나도 너의 그런 얘기는 안 할게."라는 식의 협상이다.

즉, 상대방의 허점을 알고 있기 때문에 적어도 나의 위치는 을이 아니라 팽팽하거나 갑의 위치에 설 수 있게 된다.

하지만 상대방이 허점이 없을 때는?

그럴 때는 상대방에게 나의 가능성과 기대치를 논리적, 감성적으로 심어주어야 한다. 이미 나보다 상대방의 능력이 앞설 때이므로 이때는 나의 현재가치보다 미래가치의 기대치를 충분히 설득력 있게 심어줌으로써 상대방의 신뢰를 얻어야 한다.

상대가 나의 기대치를 충분히 인식할 때 상황은 팽팽해지거나 역전이 될 수가 있는 것이다.

봉이 김선달이 사대부들이 대동강 물을 건널 때 엽전을 받았던 것은 사대부들의 의식을 하는 심리를 파악해 선동했던 것이다.

당연히 김선달의 입장에서는 대동강 물을 파는 것 자체가 불리한 상황이었지만, 상대의 허점을 파악해서 심리와 타이밍을 절묘하게 이용했던 마케팅이라 볼 수 있다.

Tip

1. 상대방의 허점을 파악
2. 내 기대치를 이성적, 감성적으로 심어 줌
3. 상대의 심리와 타이밍을 이용한 제인과 협상

part 6.

감정을 지배하는 대화법

1

호흡과 감정

우리는 다양한 상황에서 때로는 감정을 숨겨야 할 때와 감정을 드러내야 할 때를 알고 있음에도 불구하고 감정조절을 못해서 영리하지 못하게 상황을 끌고 가는 경우가 많다.

가령, 직장에서 때로는 싫어하는 상사 앞에서 웃음을 보여야 할 때도 있음에도 감정 표현이 안돼서 애를 먹는 경우가 있다.

그리고 얘기를 하다가 화가 머리끝까지 차오르는데 얼굴이 붉으락푸르락해서 상대방에게 내 감정을 다 들키는 경우도 있다.

결국, 감정조절을 잘하지 못하게 되면 다양한 상황에서 애를 먹기 때문에 힘의 기울기에서 주도권을 잡지 못하는 경우가 생기게 된다.

과연 감정조절을 마음먹은 대로 할 수 있는 사람이 있을까?

감정조절이 힘든 이유는 감정자체가 외형적으로 보이는 것이 아니라 내면적인 것이기 때문이다.

그렇기 때문에 우리는 외형적으로 보일 수 있는 것을 조절하는 방법을 채택해야 한다. 바로 그러한 방법이 '호흡'이다.

먼저, 이성 친구에게 헤어지자는 얘기를 들었다고 가정해보자. 그때의 신체와 호흡의 변화를 살펴보자.

> 반응 ➡ 교감신경 ➡ 긴장 ➡ 불안정 호흡

이성 친구가 "우리 이제 그만 만나."라는 얘기를 할 때 우리는 몸의 긴장을 느끼게 된다. 그리고 그 긴장은 불안정한 호흡을 일으킨다.

> 반응 ➡ 부교감신경 ➡ 이완 ➡ 안정 호흡

이번에는 일을 마치고 집에 들어와서 소파에 앉는 상황이라고 가정해 보자.

소파에 앉는 순간 몸의 이완이 느껴질 것이고 호흡 역시 편안하게 될 것이다.

우리가 감정이라고 하는 것은 후행적인 작용이라고 해도 과언이 아니다. 왜냐하면, 감정은 자발적으로 생기는 것이 아니라 어떤 반응을 통해 느껴지는 것이기 때문이다. 즉, 우리가 지나가다가 어떤 모서리에 부딪힌다고 생각하자. 부딪혔을 때 신경을 통해 '통증'이라는 것을 느낀다. 그리고 그 통증을 이완시키기 위해 즉, 신체의 평형상태를 위한 메커니즘이 작용한다. 이러한 메커니즘을 '항상성'이라고 얘기한다. 그리고 그 항상성은 특히 자율신경을 통해 나타날 수가 있다.

왜냐하면, 대뇌로 이어지게 되면 시간이 길어지기 때문에 신체를 바로 방어할 수 있도록 간뇌와 연수를 통해 자율신경의 지배를 받게 되는 것이다. 신체의 방어를 담당하는 자율신경이 '교감신경'이고 신체의 이완을 담당하는 자율신경이 '부교감신경'이라고 생각하면 된다.

따라서 통증을 느낄 때 우리의 몸이 스스로 방어하기 위해 교감신경이 작동하고 또한 아드레날린이라는 호르몬이 분비가 되어 긴장상태를 유지한다. 그래서 불규칙한 호흡이 생기고 '놀람'이라든가 '화'라는 감정이 후행적으로 느껴지게 되는 것이다. 그리고 긴장상태가 계속 유지되는 것은 신체의 항상성을 파괴할 수 있기 때문에 시간이 갈수록 부교감신경의 영향을 받아 이완을 유지하게 되고 그때 '눈물'이라는 액이 분비가 되며 우리는 이러한 감정을 '슬픔'이라고 하는 것이다.

긴장	이완
• 교감신경의 영향 • 아드레날린 분비 • 방어기능 작동	• 부교감신경의 영향 • 아세틸콜린 분비 • 원래대로의 복귀성향

여기서의 핵심은 감정을 통제하는 것은 어렵다는 얘기이다. 더군다나 자율신경을 스스로 지배하는 것은 불가능에 가깝다. 그렇기 때문에 우리가 파블로프의 조건반사처럼 외형적인 것을 조절해서 감정을 지배하면 되는 것이다. 그리고 그러한 외형적인 방법이 바로 '호흡'이다.

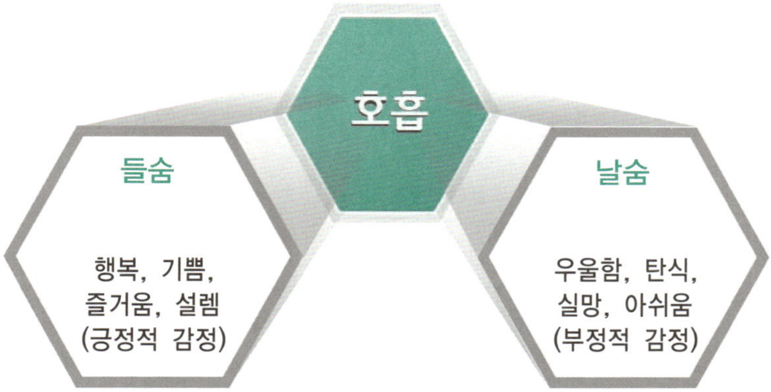

호흡은 들숨과 날숨으로 규정할 수 있다. 들숨은 들어 마시는 숨 그리고 날숨은 내뱉는 숨이다.

여기서 중요한 것은 들숨은 주로 행복, 기쁨, 즐거움, 설렘 등의 긍정적 감정과 연관이 있고 날숨은 우울함, 탄식, 실망, 아쉬움 등의 부정적인 감정과 관련이 있다는 것이다.

따라서 우리가 억지로 미소를 짓거나 또는 웃어야 할 때는 들숨을 활용하고 화가 날 때나 기분을 가라앉힐 때는 날숨으로 감정을 지배하면 된다는 것이다.

2
서두를 때

의욕이 앞설 때는 일을 그르칠 확률이 높다. 그렇기 때문에 얼마나 내가 침착하게 사태를 볼 수 있는가가 중요하다.

예를 들어 어떤 물건을 사려고 한다. 그런데 보자마자 맘에 들었다. 그럴 때 대부분은 그 물건을 살 것이다. 하지만 다른 곳에 가보니 같은 가격에 더 좋은 물건이 있었다. 후회가 밀려온다. '내가 왜 급하게 서둘렀을까?'라는 생각에 자신을 질책한다. 물론 어떤 결정을 할 때 신중함 못지않게 타이밍 역시 중요하다.

만약 그 물건을 사려고 했는데 고민이 들어서 며칠 있다가 와보니 이미 팔렸다면? 물론 그런 경우도 있다. 그렇기 때문에 신중한 것과 망설이는 것은 구별되어야 하고 재빠른 것과 서두르는 것의 차이를 알아야 한다. 하지만 어떤 경우이든 그 순간에 있어서는 냉철해야 한다. 다시 예로 들어가면 물건을 살 때 그 물건이 아무리 맘에 들었다고 하더라도 이것이 지금 내가 서두르고 있는 건지 또는 대안이 없는 건지 다시 선택을 해도 나는 이런 선택을 할 것인지 충분히 효용가치가 있는 것인지를 충분히 생각해 보라는 것이다.

지나치게 의욕적일 때는 몇 번이고 생각해 보아야 한다. 현명한 사람은 그러한 경험을 토대로 생각의 시간을 줄인다. 하지만 그렇지 않은 경우에는 충분히 생각할 시간을 가지는 것이 좋다. 그래야만 선택의 후회를 줄일 수가 있다. 지나치게 의욕적일 때는 차라리 그 선택을 피하거나 장소를 피해가라. 그리고 생각해도 괜찮다. 충분히 이성적일 때까지 그리고 객관적으로 상황을 파악할 수 있을 때까지 기다려라. 그것이 영리한 방법이다.

의욕이 앞서는 경우에는 재차 확인해야 한다. 그 결정이 옳은 것인지 몇 번을 선택해도 마찬가지일지 객관적으로 현명한 선택일지를 말이다. 그럼에도 불구하고 그 선택이 옳다면 행하라. 하지만 그럴 자신이 없는 경우라면 기다려라. 기다려도 절대 늦지 않다.

그리고 그럴 때는 날숨을 통해 감정을 진정시키는 것이 중요하다. 호흡을 통해 부교감신경을 자극해서 감정을 편안하게 만들면 객관적으로 상황을 파악하는 데 많은 도움을 줄 수 있다.

돌이켜보면 우리가 그 순간에는 옳다고 했던 것들이 지나고 나면 서둘렀던 결과라고 생각했던 뼈아픈 경험이 많을 것이다. 객관적으로 시간을 버는 것은 바로 그러한 어설픈 행동을 자제하는 현명한 방법이다.

Tip

1. 날숨으로 시간을 의도적으로 번다.
2. 장·단점을 충분히 파악하려고 한다.
3. 최대한 차분히 생각하려는 노력

3
갈팡질팡 할 때

1. 어떤 선택도 할 수가 없을 때
2. 몇 가지 중 하나를 선택해야 할 때
3. 어떤 것이든 선택해야 할 때

어떤 상황에 대해 선택을 못해서 갈팡질팡할 때 정말 난감한 경우가 있다.

먼저, 내가 어떤 선택을 해야 할지 모르는 상황에서는 경우의 수를 두고 1, 2, 3을 두고 어떤 선택을 하는 것이 좋을지를 합리적으로 생각해야 한다.

가령, 날씨가 상당히 추운 상태에서 밖에서 누군가를 기다려야 한다. 그런데 지금 30분이 지나도 상대방이 전화를 받지 않고 있다. 날씨는 점점 추워지고 있다. 그렇다면 나는 어떻게 할 것인가?

이때 생기는 경우의 수는 다음과 같다.

1. 그냥 기다린다.
2. 집에 간다.
3. 시간을 정하고 기다린다.

일단 그 약속이 나에게 얼마나 중요한 의미인지를 생각해야 한다. 만약 그 약속이 계약이라든가 또는 일생일대의 중요한 것이라면 기다리는 것이 맞다. 하지만 다음에도 볼 수 있는 상황이라면 집에 가는 것이 좋은 방법이다. 어차피 잘못은 내가 한 것이 아니라 그 사람이 잘못을 한 것이기 때문에 힘의 기울기에서도 나는 갑의 위치에 설 수가 있다. 하지만 이때 주의해야 할 점은 그것이 나만의 생각인지 아니면 상대방도 동의할 수 있는 경우 인지이다. 가령 상대방이 어쩔 수 없이 늦을 수밖에 없었다면 내가 30분만 기다렸다가 가는 경우 서운함이 생길 수 있다.

그렇기 때문에 그런 상황이라면 냉정하게 내가 상대방에게 알릴 수 있는 조치를 다 했는지, 그리고 내가 얼마나 기다릴 수 있는 것인지 또한 내 일 때문에 몇 시까지만 기다릴 수 있는지를 합리적으로 생각하는 것이 현명한 방법이다.

어떤 물건을 살 때도 마찬가지이다. 예를 들어 백화점에 갔는데 어떤 옷이 맘에 들었다. 이것을 살지 말지 고민이다. 그럴 때의 경우의 수는 다음과 같다.

1. **물건을 산다.**
2. **한 바퀴 더 돌아보고 결정을 한다.**
3. **물건을 사지 않는다.**

만약 그 물건이 하나밖에 없는 경우이고 대기 손님이 많은 상황인데 다른 곳에도 팔지 않는 물건이면서 내게 꼭 필요한 경우라면? 그럴 때는 과감하게 사는 것이 좋다. 하지만 이 물건을 꼭 사야 할 명분이 없는 경우라면? 그럴 때는 시간을 벌면서 우선순위를 두고 생각하는 것이 좋다. '내가 과연 이 물건을 꼭 사야 하는가? 아니면 다른 물건이 더 중요한 순위는 아닌가?' 등의 생각을 침착하게 하는 것이 좋다.

그럼에도 불구하고 그 물건을 사야 하는 데 있어 명확한 명분이 서지 않는 경우라면 그 물건을 굳이 살 필요가 없는 것이다.

그러한 경우 역시 침착함을 유지하기 위해 날숨을 활용해야 한다. 날숨을 통해 합리적으로 우선순위를 하는 시간을 벌고 심리적으로도 안정을 취하는 것이 중요하다.

이처럼 어떤 선택을 두고 갈팡질팡하는 경우라면 다각도에서 생각하는 것이 좋다. 우리가 어떤 선택을 그르치는 대부분은 숲을 보지 않고 나무를 보는 경우이다. 그 순간에는 중요하다고 생각하는 것이 지나고 보면 그리고 객관적으로 생각하면 아무것도 아닌 것이 있다.

Tip

1. **날숨을 통해 침착함을 유지**
2. **최대한 객관적으로 생각하려고 노력**
3. **합리적으로 우선순위를 둔다.**

4
억지로 미소를 지어야 할 때

사회생활을 하면서 본의 아니게 억지로 미소를 지어야 할 경우가 많다. 가령, 내가 기분이 좋지 않거나 또는 싫은 사람을 마주하거나 나보다 높은 사람을 마주해야 할 때 그렇다. 그럴 때 감정 표현이 되지 않는 사람의 경우 곤혹스러울 수가 있다. 그렇기 때문에 그런 상황에서는 미소를 자연스럽게 활용하는 방법을 찾아야 한다.

(직장에서의 대화 - 나쁜 예)

김 대리 : 최준영 씨 잠깐 얘기 좀 해.

최 사원 : 아, 네.

김 대리 : 최준영 씨. 요새 안 좋은 일 있어? 얼굴 좀 펴. 혼자만 사무실에 있는 거 아니잖아.

최 사원 : …

김 대리 : 기분 나빠? 지금도 인상 쓰는 거 봐. 상사가 조언하는데 그렇게 인상 찌푸리고 있으라고 배웠어?

대표적으로 감정조절을 못 하는 경우이다. 물론 자신의 입장만을 생각한다면 굳이 감정을 숨길 필요도 나타낼 필요도 없을 것이다. 하지만 우리는 수많은 사람과 관계를 맺고 다양한 상황에 처해 있을 수밖에 없기 때문에 때로는 감정을 표현해야 할 때도 많다. 억지로 미소를 지어야 할 경우에는 들숨을 활용해야 한다. 숨을 들이쉴 때 기쁜 감정이 생길 수 있기 때문에 들숨을 활용해서 자연스럽게 입가에 미소를 만들어야 한다.

이때 중요한 것은 미소가 부자연스러우면 오히려 상대방이 자신의 진심을 알아챌 수가 있기 때문에 자연스럽게 호흡을 들이마시면서 미소를 지어야 한다.

(직장에서의 대화 - 좋은 예)

김 대리 : 최준영 씨 잠깐 얘기 좀 해.

최 사원 : 아, 네.

김 대리 : 최준영 씨. 요새 안 좋은 일 있어? 얼굴 좀 펴. 혼자만 사무실에 있는 거 아니잖아.

최 사원 : 네 알겠습니다. 앞으로 주의하도록 할게요. (들숨)

김 대리 : 그래. 기분 좋게 일하면 서로 좋지 뭐.

최 사원 : 그렇죠. 저도 제가 그런지 몰랐어요. 말씀해 주셔서 감사해요. (미소)

Tip

1. 최대한 자연스럽게 표정을 짓는다.
2. 침착하게 들숨을 쉰다.
3. 들숨과 동시에 미소를 짓는다.

5

긴장할 때

긴장할 때 우리의 호흡은 가파르게 된다. 교감신경의 작용으로 긴장상태가 되고 긴장상태로 인해 맥박이 빨리 뛰기 때문이다. 따라서 여기서의 핵심은 얼마나 빨라진 호흡을 진정시킬 수 있느냐는 것이다.

가령, 자기소개의 상황을 예로 들어보자.

(자기소개 - 나쁜 예)

안녕하세요. 여러분.

저는 오늘 이 자리에서 제 소개를 하고자 합니다.

지금 제가 뭐라고 말을 해야 할지 걱정

도 되고…

불안하기도 한데요… 일단 말을 좀 아끼도록 하겠습니다…

앞으로 잘 부탁드립니다.

위의 경우에는 발표자가 얼마나 긴장했는지가 느껴진다. 긴장을 할 때 우리는 맥박이 빨라지고 동공이 커지며 시선이 불안해진다. 긴장상태가 되기 때문에 생각 역시 편안해지기 어렵기 때문에 말을 할 때 더듬거나 다른 얘기를 하게 된다.

그렇기 때문에 이럴 때는 날숨과 심호흡을 통해 스스로의 감정을 통제해야 한다. 또한 미소와 침묵을 활용해서 스스로 자연스러운 상태를 만들어야 편안하게 말을 할 수 있는 환경을 마련할 수 있다. 그렇지 않으면 실수가 반복되면서 더 긴장을 하게 되는 악순환을 경험할 수밖에 없다.

(자기소개 - 좋은 예)

안녕하세요. 저는 ○○○입니다. 다들 처음 보는 자리인데 사실 많이 긴장도 되고 어색하기도 합니다. (날숨)

하지만 상황에 따라서 감정을 표현하고 숨기는 방법을 제대로 알고 싶어서 이 자리에 왔습니다. (날숨)

다들 반갑습니다.

긴장을 유발하는 커다란 이유는 '잘 하고자 하는 욕심' 때문이다. 잘하려고 할 때 우리는 더 긴장을 하게 되고 긴장을 하다 보면 오히려 실수를 하게 되는 아이러니한 상황에 놓이게 된다.

따라서 대중 앞이나 많은 사람들 앞에 설 때는 잘하려는 생각보다 그냥 편안히 말을 하자라는 생각을 하는 것이 오히려 더 효과적일 수 있다.

Tip

1. 침착함과 냉정함을 유지한다.
2. 최대한 자연스럽게 말과 행동을 한다.
3. 천천히 날숨을 쉰다.

6

화를 참아야 할 때

1. 원인제공을 내가 했을 때
2. 조금 감정적일 때
3. 지나치게 감정적일 때

상대가 감정적으로 나올 때는 힘의 기울기에서 유리한 위치를 차지할 수 있다. 하지만 만약 내가 상대방을 화나게 하거나 흥분하게 했을 때는 깔끔하게 사과를 하는 것이 좋다. 왜냐하면, 내가 먼저 잘못을 했기 때문에 상대방에게 상처를 준 것이고 그것은 나에게 부메랑처럼 돌아올 확률이 높기 때문이다.

그렇기 때문에 원인제공을 내가 한 것이라면, 당연히 정중하게 진심으로 사과를 해야 한다. 원인제공이 나인 경우는 이미 힘의 위치에서 을이 되기 때문에 상대방의 기분이 풀릴 수 있도록 사과를 하는 것이 맞다.

하지만 만약 내가 원인제공을 한 것 이상으로 상대방이 감정적으로 나오거나 그것이 습관적일 때는 오히려 나는 더욱 침착하게 대응하는 것이 좋다. 그렇게 된다면 오히려 상대방이 나에게 미안해질 수가 있다.

먼저 나 스스로 동요되지 않도록 평정심을 유지 하는 것이 중요하다. 그러고 나서 침착하게 상대방에게 흥분을 가라앉히도록 유도해야 한다. 만약 그래도 상대방이 말을 듣지 않을 때는 차분하게 주의를 시켜야 한다.

(운전 중의 대화 - 나쁜 예)

운전자 : 아니, 이 양반아 차를 좀 비켜줘야 할 것 아냐!

나 : 흥분하지 마시고요. 제가 먼저 깜빡이를 켰잖아요.

운전자 : 이 양반아 사고 날 뻔했잖아!

나 : 왜 화를 내요? 뭘 잘했다고?

운전자 : 뭐? 이 양반이 어따 대고 삿대질이야?

나 : 뭐 임마? 차 세워 당장!

운전 중에서 흔히 일어날 수 있는 대화이다. 가는 말이 곱지 않으면 오는 말도 고울 리 없다. 하지만 감정적인 것은 더 큰 감정을 낳게 되고, 화는 더 큰 화를 부르게 된다. 따라서 이때 호흡 중에서도 날숨으로 심호흡을 하면서 부교감신경을 자극해서 감정을 이완시키는 것이 중요하다. 또한, 심호흡을 하는 것이 부자연스럽거나 티가 날 경우 오히려 상대방을 자극하기 때문에 최대한 자연스럽게 미소를 띠며 티를 내지 않는 것이 중요하다.

(운전 중의 대화 - 좋은 예)

운전자 : 아니, 이 양반아 차를 좀 비켜줘야 할 것 아냐!

나 : 흥분하지 마시고요. 제가 먼저 깜빡이를 켰잖아요. (날숨)

운전자 : 이 양반아 사고 날 뻔했잖아!

나 : 화 내지 마시고요. 소리 지르지 말고 말씀하셨으면 해요. (날숨)

운전자 : 뭐요? 내가 지금 화가 안 나게 생겼어요?

나 : 계속 화내시면 저도 더 얘기 할 수가 없을 것 같아요.

(직장에서의 대화 - 나쁜 예)

김 대리 : 지원 씨. 보고서 다 썼어?

유 사원 : 아직요.

김 대리 : 아직까지 뭐한 거야? 나도 지금 팀장님한테 보고해야 하는데.

유 사원 : 그게 요새 밀린 일이 많아서요.

김 대리 : 그럼 누구는 놀아? 여기 일 적은 사람이 어디 있어?

유 사원 : 저도 열심히 하고 있어요. 지금 저도 최선을 다 하는 거잖아요.

김 대리 : 그래서 뭐 알아달라고?

위의 대화에서는 김 대리가 감정적으로 나왔을 때 유 사원도 같이 흥분했을 때이다. 감정적으로 나온다고 해서 같이 감정적으로 받아치는 것은 서로에게 앙금만 쌓일 뿐 서로에게 도움이 되는 것은 없다. 즉, 영리한 방법이 아니다.

(직장에서의 대화 - 김 대리의 좋은 예)

김 대리 : 지원 씨. 보고서 다 썼어?

유 사원 : 아직요.

김 대리 : 나 지금 팀장님한테 보고해야 하는데. 언제까지 돼?

유 사원 : 그게 요새 밀린 일이 많아서요. 5시까지는 할 수 있을 것 같아요. (날숨)

김 대리 : 팀장님한테 4시까지 보고를 맡아야 하거든.
내가 좀 도와 줄 테니 4시까지 해 보자.

유 사원 : 네 알겠습니다.

상대방이 동요를 할 때는 힘의 기울기는 처음에는 상대방이 갑 그리고 내가 을이 되는 것 같지만, 결국에는 침착하게 대응하는 사람이 상황을 지배할 수밖에 없다. 왜냐하면, 흥분하는 사람은 평정심을 유지하지 못하기 때문에 자기도 모르는 사이에 실수를 하거나 하지 말아야 할 말을 할 가능성이 높기 때문이다.

하지만 상대방이 그럼에도 계속 흥분상태인 경우에는 을의 위치를 유지하되 방법을 달리해야 한다. 이런 경우에도 절대 흥분을 해서는 안 된다. 왜냐하면 상대의 막말이나 감정 때문에 앙금이 생기게 되고 결국 그 사람에 대한 호감과 신뢰가 떨어지게 된다. 흥분하는 순간은 갑의 위치라고 하더라도 나중에는 만남이 꺼려지기 때문에 결국 흥분하는 사람이 을의 위치에 서게 되는 것이다.

스스로 화가 날 경우에는 이성적인 생각을 하기가 어렵기 때문에 상대방에게 실언을 하거나 실수 또는 폭언을 할 확률이 높아진다.

화가 날 때는 아드레날린이라는 호르몬이 분비되기 때문에 더 공격적이 될 수밖에 없다. 아드레날린은 우리 몸을 방어하기 위해 분비되는 호르몬으로써 긴장상태를 오랫동안 유지할 수 있다. 따라서 화가 날 때는 부교감신경을 자극하는 날숨과 심호흡을 천천히 내뱉으면서 긴장상태를 이완시켜야 한다.

그럼에도 불구하고 상대방이 감정을 고집한다면 자리를 피하는 것이 좋다. 흥분을 자제 할 수 없는 사람과 상대하는 것은 결국 아무런 이익이나 도움이 되지 않기 때문에 일단은 그 상황을 피하거나 흥분이 자제 될 때까지 기다려 주는 것이 힘의 기울기에서 손해를 보지 않는 현명한 방법이다.

지나치게 흥분해 있는 상대에게 무언가를 말을 하게 되면 나 역시 감정적으로 나올 확률이 높기 때문에 차라리 자리를 피하거나 기다려 주는 것이 좋은 방법이 될 수 있다.

Tip

1. 최대한 침착하고 차분하게 얘기함
2. 크게 심호흡을 하면서 평정심 유지
3. 그래도 안 될 때는 다른 생각을 하거나 침묵 또는 자리를 피함

7
거짓말을 해야할 때

1. 선의의 거짓말을 해야 할 때
2. 고의적인 거짓말을 해야 할 때

거짓말을 하는 상황에서 감정을 어떻게 조절하느냐에 따라 힘의 기울기가 생길 수 있다. 일단 그 거짓말이 선의든 고의든 간에 상대방을 속일 자신이 없거나 냉정함을 유지 못 한다면 이미 평정심을 유지 못 할 확률이 높다.

따라서 여기서의 핵심은 평소처럼 자연스럽게 행동할 수 있는가 하는 부분이다. 보통 거짓말하는 상황에서 비언어적인 부분 즉,

동공이 흔들리거나 손이 부자연스럽다거나 음성이 떨리는 경우가 발생할 때 상대방에게 그 거짓말이 들킬 확률이 높다.

그래서 만약 당신이 거짓말을 해야 하는 상황이라면 심호흡을 통해 최대한 자연스럽게 평소처럼 행동해야 한다.

거짓말을 할 때도 순서가 있다. 평소와 같은 말투와 제스처를 사용해야 한다. 하지만 그럼에도 불구하고 그것이 선의의 거짓말이 아니라 고의적인 거짓말을 할 때는 힘의 기울기가 더욱 발생할 수 있다.

특히, 시선의 불안정함을 극복하는 일이란 여간 어려운 일이 아니다. 그래서 그 상황에서 뻔뻔한 사람은 오히려 정면으로 상대방의 눈을 쳐다볼 수 있는 강심장을 가졌다. 따라서 만약 거짓말을 하는 상황에서 상대방을 정면으로 바라볼 수 있는 자신이 없다면 자신의 일을 하는 척하면서 얘기하라.

하지만 상대방을 완벽히 속일 자신이 있다면 당당히 상대방을 쳐다보는 것이 더 자연스러운 일일 것이다. 이때 상대방의 태도와 반응 역시 태연하게 넘겨야 한다. 거짓말을 할 때는 스스로 감정적인 동요가 일어나기 때문에 객관적으로 생각하고 이성적으로 행동하는 것이 중요하다.

(직장에서의 대화 - 나쁜 예)

김 과장 : 요새 어디 아파?

유 대리 : 아니요.

김 과장 : 뭐가 아니야? 아까 나한테 잔소리 들어서 그런 거야?

유 대리 : 그냥 뭐. 아니에요.

김 과장 : 뭐가 아니야? 맞네. 그런 거 갖고 삐치고 그래.

유 대리 : 저 안 삐쳤는데요.

김 과장 : 뭘 안 삐쳐? 얼굴에 쓰여 있는데.

(직장에서의 대화 - 좋은 예)

김 과장 : 요새 어디 아파?

유 대리 : 아니요.

김 과장 : 뭐가 아니야? 아까 나한테 잔소리 들어서 그런 거야?

유 대리 : 아니에요. 요새 좀 일 때문에 정신이 없어서 그래요. (들숨)

김 과장 : 그래? 나한테 삐친 줄 알았지.

유 대리 : 에이 제가 그런 거 갖고 왜 삐쳐요. 맞는 말씀 하셨는데. (미소)

김 과장 : 그럼 다행이고.

거짓말이 들킬 때는 스스로 '눈치를 챈 것 아닌가?', 또는 '내 목소리가 지금 떨리지는 않았을까?'라는 주관적인 생각 그리고 생각의 확대재생산이 형성되기 때문에 오히려 행동을 움츠리게 하고 의식하게 만들 수 있다.

Tip

1. 상대방의 태도와 반응에 평정심 유지
2. 최대한 평소와 같이 자연스럽게 함
3. 편안한 날숨으로 여유와 침착함을 유지

8

기쁜 감정을 숨겨야 할 때

때로는 기쁜 감정을 숨겨야 할 때도 있다. 가령, 어떤 사람이 잘 안됐는데 나만 잘 됐을 경우 또는, 다른 사람들은 기분이 안 좋은데 나만 기분이 좋은 경우에 그렇다. 그럴 때 참 난감한 경우가 많다.

(직장에서의 대화 - 나쁜 예)

오 과장 : 이번에 승진 축하해.

김 대리 : 감사합니다. 안 될 줄 알았는데 생각지도 못하게 돼서 너무 좋아요.

오 과장 : 난 올해도 승진 못 했네.

김 대리 : 내년엔 꼭 승진하실 거예요.

오 과장 : 아, 이 짓도 못해 먹겠네.

김 대리 : 힘내세요. 과장님

오 과장 : 좋겠네. 승진해서.

위의 대화에서는 김 대리가 자신만의 기쁜 감정을 숨기지 못하고 있다. 물론 그런 행동이 잘 못된 것은 아니지만, 상대방의 입장에서는 충분히 얄미울 수가 있다. 그렇기 때문에 설령 기분이 좋더라고 하더라도 때론 감정을 숨길 필요가 있다.

그럴 때는 날숨을 통해 호흡을 가라앉혀야 한다. 우리가 '우울해' 하는 것보다 날숨과 같이 '우울해'라는 말을 할 때 더 빨리 우울한 감정이 생기는 것처럼 호흡을 통해 기분을 가라앉히는 것이 효율적일 수 있다.

(직장에서의 대화 - 좋은 예)

오 과장 : 이번에 승진 축하해.

김 대리 : 감사합니다.

오 과장 : 난 올해도 승진 못 했네.

김 대리 : … (날숨)

오 과장 : 아, 이 짓도 못해 먹겠네.

김 대리 : 과장님, 괜히 저 때문에. 죄송해요. (날숨)

오 과장 : 아냐, 뭐가 죄송해? 내가 분위기 다 깼네.

Tip

1. 최대한 자연스럽게 행동한다.
2. 상대의 반응을 보며 침착함을 유지
3. 천천히 날숨을 내뱉으며 감정조절

9

감정을 지배하는 방법

1. 감정을 숨겨야 할 때
2. 감정을 드러내야 할 때

살다 보면 감정을 숨겨야 할 때가 많다. 많은 사람들의 고민 중 하나가 그럴 때 포커페이스를 유지하는 방법에 대한 것이다.

사람들과의 관계에 있어서 자주 흥분하거나 또는 흥분하는 모습 또는 감정적인 모습을 보일 때 이미 힘의 줄다리기에서 밀리게 된다. 그렇기 때문에 이성적으로 침착하게 생각하는 훈련을 하는 것이 무엇보다 중요하다.

그리고 감정을 숨기는 가장 효율적인 방법은 날숨과 심호흡을 통해 감정을 가라앉히거나 또는 포커페이스를 유지하는 것이다. 호흡은 바로 감정과 직접적인 연관이 있고 감정을 직접적으로 다스릴 수 있는 방법이기 때문이다.

또한, 어느 정도 감정을 다스릴 수 있을 때는 스스로 미소를 지으려고 노력하라. 우리가 복싱경기나 격투기 경기를 보면 상대방에게 맞으면서 웃는 사람이 있다. 두 가지 중에 하나이다. 정말 상대방의 펀치가 나에게 어떤 효력도 미치지 않을 때 그럴 수 있고, 또 하나는 상대방의 펀치가 강함에도 불구하고 나의 약함을 보이지 않기 위해 위장을 하는 것이다.

상대의 펀치가 강한가? 그렇지 않느냐 보다 중요한 것은 내가 감정을 숨길 수 있느냐 없느냐가 상대방의 감정을 지배할 수가 있는 요소인 것이다.

만약 내가 상대방에게 펀치를 강하게 날렸는데도 상대방이 미소를 보낸다면 어떨까? 오히려 공포를 느끼거나 내 스스로가 감정의 동요를 경험할 것이다.

그렇기 때문에 상황이나 상대방을 지배하기 위해서는 감정을 숨기는 것이 매우 효율적이다.

그러기 위해서는 감정에 동요가 있을 때 그것을 최대한 객관적으로 바라볼 수 있는 훈련과 내공이 필요하다. 대부분 흥분을 하는 이유는 그것이 나에게 크게 다가오기 때문이다.

하지만 지나고 보면 별거 아닌 일이 대부분이다. 즉, 내가 그 상황에 대입해 주관적으로 상대적으로 생각할 때 감정적으로 되는 것이기 때문에 내일을 마치 남 일처럼 편안하게 생각하려는 노력을 하라는 것이다. 그래야 당신은 상황과 더불어 상대방을 지배할 수 있게 된다.

감정을 드러낼 때도 마찬가지이다. 내가 기분이 좋지 않거나 또는 싫어하는 사람이나 또는 편하지 않은 상대를 마주할 때는 때론 미소를 지어야 할 때도 있다. 그럴 때는 이전에 말한 것과 같이 들숨을 활용해서 상대방에게 포커페이스를 유지하는 것이다.

들숨과 미소를 동시에 활용하면 보다 자연스럽게 나의 진심을 들키지 않을 수가 있다. 물론 진심이라는 것은 매우 중요한 부분이지만 인간관계에서 우리는 때로는 감정을 숨겨야 할 때도 있고 때로는 감정을 표현해야 할 때도 있는 것이다.

감정은 내가 원한다고 해서 바로 생기는 것도 아니고 한 번에 없어지는 것도 아니다. 왜냐하면 감정이라는 것은 반응 후에 따라오는 후행적인 결과물이고 주관적이기 때문이다. 따라서 그러한 감정을 효율적으로 조절하고 지배하기 위한 호흡이 중요할 수밖에 없다. 또한 인간의 신체역학과 평형이론을 이해한다면 감정을 지배하고 활용하는데 많은 도움이 될 수 있다.

Tip

1. 최대한 자연스런 표정과 행동을 보임
2. 미소와 침묵으로 포커페이스 유지
3. 때로는 들숨, 때로는 날숨을 활용

part 7.

협상을 지배하는 대화법

1

협상을 시작할 때

Tip

1. 내가 상대방보다 유리한가?
2. 내가 상대방보다 불리한가?
3. 팽팽한 조건인가?

협상할 때 먼저 해야 할 것은 현재의 나의 위치를 파악하는 것이다. 상대방의 조건이나 환경 그리고 상황과의 비교에 있어서 나의 위치가 정해진다.

가령, 상대방의 조건이나 상황이 나보다 좋다면 내가 을이 되고 상대방의 조건이나 상황보다 내가 더 낫다면 내가 갑이 되며, 상대방과 조건이나 상황이 비슷하다면 팽팽함을 유지할 수가 있다.

가령, 투자자와 사업계약을 맺는다고 생각해보자. 여기서의 갑은 일반적으로 투자자이다. 하지만 만약 투자자의 영향력이 나보다 적을 때 즉, 투자자보다 사업을 하는 내가 더 영향력이 클 때는 내가 갑의 위치에 설 수가 있다.

그런데 이때 생각해야 할 점은 그런 위치는 매우 상대적이라는 것이다. 즉 생각하기에 따라 내가 갑의 위치가 될 수가 있고 을의 위치가 될 수도 있다. 그만큼 힘의 역학은 상대성의 원리와 심리가 포함되기 때문이다.

가령, 자동차를 사기 위해서 영업소에 간다고 치자.

그럼 영업소 판매원이 2,000만 원을 제시했다. 다른 곳을 이미 비교해서 왔지만 다양한 옵션이 2,000만 원이면 다른 곳에서 사는 것보다 약 200만 원이 이익이다.

일단 제반 상황에 대한 파악은 끝났다.

그렇다면 이제 협상을 해야 한다. 나는 이 물건을 1,800만 원에 사고 싶다. 그것이 나의 목표이다. 그렇다고 내가 바로 을의 위치가 되는 것은 아니다. 상황을 먼저 지켜봐야 한다.

판매원에게 말한다. "물건이 맘에 들긴 하는데 조금 깎아 줬으면 좋겠어요." 판매원이 대답한다. "이 정도 옵션에 이렇게 나온 물건이 없어요. 깎는 건 어려울 것 같아요."

이때 나의 옵션은 네 가지이다.

1. 200만 원의 이익이라도 얻어 2,000만 원에 산다.
2. 한 번 더 협상을 한다.
3. 다른 영업소를 간다.
4. 일단 생각해 보겠다고 한다.

만약 내가 더 유리한 조건을 차지하려는 2번의 협상을 하려고 하면 나는 이때부터 을의 위치가 된다. 또한, 4번의 협상은 팽팽한 평형상태가 된다.

먼저 1번은 결정이 난 것이기 때문에 여기서는 의미가 없다.

2번을 선택한다고 했을 때 주의할 점은 내가 을의 위치라는 것을 티내면 안 된다는 것이다. 관계나 상황에서의 힘의 역학은 상대적 심리적이기 때문에 상대방에게 나의 패가 들키면 이미 게임은 진 것이나 다름없다. 물론 의도적으로 들킨 척 보여주는 방법도 있지만 그것은 예외적인 것이기 때문에 나중에 거론하겠다.

2번의 선택을 하고 평정심을 유지한다. 평정심을 유지하기 위해 침묵이나 미소도 필요하다. 상대방에게 나의 심리를 들키지 않기 시간을 벌거나 포장하기 위해서이다.

그리고 다시 조건을 제시한다. 이때 제시할 수 있는 조건은 다음과 같다.

1. 200만 원을 더 깎는다.
2. 200만 원에 해당하는 옵션이나 다른 조건을 얻는다.

몇 초간의 침묵이 흐르는 동안 계산을 마쳤고 상대방의 반응도 확인했다. 상대방 역시 침착하고 냉정하다.

먼저 1번의 조건을 미소를 띠며 얘기한다. 하지만 돌아오는 대답은 똑같다. 그때 2번을 얘기한다. 그럼 조금의 혜택을 얻을 확률이 높다. 상황이나 관계에서 힘의 역학은 매우 상대적이며 가변적이다. 즉 좀 전에 을의 위치가 갑의 위치나 팽팽함으로 바뀔 수가 있다.

바로 2번의 조건을 얘기하는 것보다 1번의 조건을 얘기한 후 되지 않았을 때 2번의 조건을 얘기하면 상대적으로 조건을 수용할 확률이 높다는 것이다.

이러한 전략은 상대방이 침착하게 나올 때 상대방을 조금 감정적으로 동요하게끔 하는 방법이다. 1번을 얘기했는데 또 거절할 때 2번을 얘기하는 것은 상대방에게 약간의 미안함을 유발할 수 있다.

따라서 이것이 안 되면 이러한 대안을 생각해 놓는 것은 협상에 있어서 매우 지능적인 방법이다.

만약 1,2번을 모두 거절당했다고 생각해보자. 그래도 나에겐 두 가지 변수가 있다. 맨 처음1번의 조건 즉, '200만 원의 이익이라도 얻어 2000만 원에 산다.' 그리고 4번의 조건 '일단 생각해 보겠다고 한다.'의 두 가지 경우이다.

마지막 협상조건으로 4번을 얘기한다. 한 번 더 생각해 보고 온다고 한다. 이것은 최후의 방법이다. 그럼에도 불구하고 나는 손해 보지는 않은 것이다.

이처럼 협상을 할 때는 몇 가지 경우의 수를 생각하면서 진행하는 것이 좋다. 또한 나의 심리를 들키지 않고 상대방의 반응을 티 나지 않게 살펴보는 것이 중요하다. 그래야 협상을 내 쪽으로 지배할 수가 있는 것이다.

Tip

1. 평정심을 잃지 않음
2. 상대방의 반응을 수시로 파악
3. 협상의 마지노선을 생각하고 그 안에서 타이밍에 맞는 경우의 수

2

협상에 유리할 때

1. 상대방보다 지식, 능력이 앞설 때
2. 상대방이 서두르거나 절박할 때
3. 상대방이 낮은 조건을 제시할 때
4. 상대방이 조건에 호의적일 때

협상에 유리한 고지를 선점하기 위해서는 상대방보다 그 협상에 대한 지식이나 능력이 앞서야 하고 여유가 있어야 한다. 또한, 상대방이 그 협상 조건에 대해 서두르거나 호의적일 때 그리고 낮은 조건을 제시할 때 상대적으로 협상에 얻어가는 것이 많기 때문에 유리할 수가 있다.

그렇다면 협상에서 유리한 고지를 선점했을 때 어떻게 협상 대화를 이끌어야 하는가? 먼저 상황을 통해 알아보자.

(집 계약에서의 대화 - 나쁜 예)

중계인 : 어때요? 보여드린 집 맘에 드세요?

손님 : 네, 집도 깨끗하고 금액대도 괜찮아요.

중계인 : 그럼 생각해 보시겠어요?

손님 : 아 네, 제가 생각해 보고 연락드릴게요.

중계인 : 네, 그럼 연락 주세요. 이거 제 명함이에요.

손님 : 네 알겠습니다.

손님이 중계인이 보여준 집에 대해 호의적이고 반응이 좋다. 그럼에도 중계인은 협상을 하지 못했다. 이유가 무엇일까? 첫 번째는 중계인은 손님의 마음을 얻지 못했다. 손님이 원하는 것을 제대로 파악하지 못한 것이다.

또한 비언어적인 설득을 하지 못했다. 위의 예시에서 중계인은 너무 무미건조한 태도로 나왔기 때문에 손님의 마음을 사지 못한 것이다.

마지막으로 설득 타이밍을 놓쳤다. 손님이 호의적인 반응을 보였을 때가 협상타이밍이었는데 그 골든타임을 놓친 것이다. 한 번 골든타임을 놓치면 회복이 어렵기 때문에 협상에서의 타이밍은 매우 중요한 역할을 할 수 있다.

(집 계약에서의 대화 - 좋은 예)

중계인 : 어때요? 보여드린 집 맘에 드세요?

손님 : 네, 집도 깨끗하고 금액대도 괜찮아요.

중계인 : 그렇죠. 그 금액에 지하철 가까운 곳에 주차 시설 있고 빌트인이 되어있는 곳은 없어요.

손님 : 그래요?

중계인 : 네, 지금 손님이 전세대출을 받으셔야 하는데, 그 집 말고 나머지 집은 해당사항이 안돼요. 그 물건이 대출도

되면서 손님에게 딱 적합한 물건이네요. 맘에 드신다면 제가 도배는 요구해 볼게요.

손님 : 네 그럼 그거로 할게요.

위의 대화에서는 중계인이 손님이 원하는 것을 제대로 짚어 주었고, 손님이 환심을 가졌을 때 정확한 타이밍에 논리적인 설득과 마음을 굳히게 만드는 감성적인 설득을 동시에 해서 마음을 얻었다.

이처럼 유리한 협상조건에서는 자신의 이익을 얻으려는 속내를 들키지 않으면서 상대방이 원하는 것을 집어주고 공감해 주면서 타이밍을 포착해 논리적 감성적 설득을 동시에 해야 마음을 얻을 수가 있다.

Tip

1. 자신의 속내를 들키지 않음
2. 상대방이 원하는 것을 제대로 파악
3. 상대방의 반응을 수시로 파악하면서 협상타이밍 포착
4. 논리적으로 이성을 침투, 비언어적인 공감으로 상대방 마음 지배

3

협상에 불리할 때

1. 상대방의 지식, 능력이 앞설 때
2. 상대방보다 절박할 때
3. 상대방이 높은 조건을 제시할 때
4. 상대방이 부정적 반응을 보일 때

상대방의 지식과 능력이 나보다 앞서거나 또는 내가 상대방보다 제시된 협상에 대해 절박할 때 그리고 상대방이 협상에 대해 부정적이거나 여유가 있을 때는 내가 협상에 불리한 조건을 갖게 된다.

사실 협상에 있어 불리한 조건을 벗어나려면 상대방보다 지식이나 능력이 뒤져선 안 된다. 가령, 어떤 물건을 사려고 하는데 그 물건에 대해 전혀 모르면 판매원이 말하는 대로 이끌려 갈 수 밖에 없다. 반대로 물건에 대해 어느 정도 지식이 있으면 거기에 대해 날카로운 질문과 판단을 할 수 있기 때문에 협상에서 불이익을 당하지 않게 된다.

지식 외에도 협상에 있어서 불리한 조건일 때는 논리적으로 설득을 하는 것보다 감성적인 방법을 동원하는 것이 좋다.

다음의 예를 살펴보자.

(시공 계약을 할 때 - 나쁜 예)

임대인 : 일단 앞면은 강화유리로, 나머지는 전부 대리석으로 해 주세요.

시공사 : 네 저희 ○○회사만의 특수공법 기술로 그렇게 해 드리겠습니다.

임대인 : 1억 원에 해 주실 수 있겠어요?

시공사 : 근데 그 금액으로는 어림도 없어요. 최하 2억 원은 듭니다.

임대인 : 1억 원에는 안 되는 거예요?

시공사 : 네, 그 금액에는 힘들 것 같아요.

위의 대화에서는 임대인이 시공사에 비해 불리한 조건이다. 이유는 임대인이 시공사보다 조건이 좋지 않기 때문이다. 그런데 위의 대화에서 임대인은 조건이 맞지 않음에도 불구하고 더 이상의 협상제시를 하지 못하고 있다. 마지노선이 어느 정도인지 실제 다른 곳과 비교했을 때 어느 정도를 제시해야 하는 지는 협상에 들어가기 전에 사전에 숙지를 하고 있어야 불이익이나 결렬이 되는 것을 막을 수 있다.

(시공 계약을 할 때 - 좋은 예)

임대인 : 일단 앞면은 강화유리로, 나머지는 전부 대리석으로 해 주세요.

시공사 : 네 저희 ○○회사만의 특수공법 기술로 그렇게 해 드리겠습니다.

임대인 : 그렇게 하면 얼마에요? 저희가 지금 사정이 넉넉지 않아서요.

시공사 : 삼면을 대리석으로는 하려면 최하 2억은 듭니다.

임대인 : 방법이 없을까요? 저희가 대신 담에 건물 지을 때도 여기 시공사랑 꼭 할게요.

시공사 : 그럼 한 쪽 면만 대리석 하시면 단가가 좀 낮춰 질 수가 있습니다.

위의 대화에서는 사정이 넉넉지 않음을 비언어적 즉, 감성적인 방법을 통해 얘기했다. 또한 방법이 통하지 않았을 때 대안을 제시함으로써 시공사나 임대인 모두 윈윈할 수 있는 방법을 택했다. 협상에 불리할 때는 나의 위치가 갑이 아닌 을이 되기 때문에 논리적으로 얘기하는 것보다는 조금 자세를 낮춰서 얘기하는 것이 좋다. 단, 비굴하게 얘기하는 것은 오히려 역효과를 줄 수 있다.

생각해보라. 협상이라는 것은 서로 조건이 맞아야 하는데 상대방에게 얻을 것이 없는 조건이라면 꺼려질 수밖에 없기 때문에 동정심으로 얘기하는 것은 좋은 방법이 아니다.

저자세로 얘기하되 대신 보상이나 미래가치를 심어주어야 한다.

그래야 상대방도 지금 당장 부족하더라도 매래에 무언가를 얻을 수 있다는 기대로 인해 만족할 수 있게 된다.

Tip

1. 평정심을 잃지 않음
2. 상대방의 의중을 수시로 파악
3. 비언어적 감성설득을 함
4. 상대방에게 기대치를 갖게 함

4
팽팽한 협상일 때

1. 상대방보다 지식, 능력이 비슷할 때
2. 상대방과 서열이 비슷할 때
3. 상대방과 비슷한 조건을 제시할 때
4. 상대방의 속을 모를 때

상대방과 내가 조건이나 비슷한 능력일 때가 문제가 된다.

이때는 서로 한 치의 물러섬이 없는 상황이기 때문에 치열한 협상이 예상될 수가 있다. 타협이라는 것이 하나씩 양보하는 것이라면 협상은 기본적으로 '나도 얻고 너도 얻자.'의 개념이다.

그렇기 때문에 팽팽한 협상 조건일 때는 일단 조건제시를 살짝 높게 하는 것이 좋다. 가령, 거래할 때 협상 마지노선이 100만 원이라고 했을 때, 처음부터 100만 원을 제시하는 것과 120만 원에서 100만 원으로 조금씩 가격을 낮추는 것은 결과적으로 후자가 이득이기 때문이다. 왜냐하면 처음부터 100만 원을 제시했을 때는 더 낮출 것이 없기 때문에 협상에 불리해지지만, 120만 원을 제시할 때는 마지노선까지는 20만 원의 여유가 있기 때문에 조금 더 유리한 조건에서 협상을 타결할 가능성이 크다.

이때 주의할 점은 지나치게 높은 조건을 제시하면 오히려 역효과를 가질 수도 있다는 것이다. 왜냐하면 처음부터 지나치게 높은 조건을 제시하면 상대방이 협상 자체에 거부감을 느낄 수도 있기 때문에 합리적인 조건제시가 중요하다.

조건과 더불어 협상 조건에 대한 지식과 배경을 충분히 준비했다면 실제 협상에서는 상대방에 대한 반응을 수시로 체크해야 한다. 상대방이 지금 내세우는 조건과 내 마지노선 그리고 내 조건과 상대방의 반응 등에 대한 경우의 수를 생각해야 한다.

어떤 사람들의 얘기를 들어보면 조건을 먼저 제시하는 것이 유리하다고 하는데 실제로 반드시 그러한 것은 아니다.

가령, 복싱경기를 봤을 때, 먼저 선제공격을 하는 것이 유리할 수는 있으나 카운터에 대비하지 않는 무분별한 선제공격은 위험할 수도 있기 때문에 선제공격을 할 때는 상대방의 움직임을 모두 파악하면서 하는 것이 중요하다.

마찬가지로 협상에 있어서도 먼저 조건을 제시하는 것이 더 유리할 확률이 높지만, 그럴 때는 반드시 협상에 대한 치밀한 분석을 마치는 것이 선제조건이다.

(동업 계약에서의 대화 - 나쁜 예)

A : 그럼 계약을 하죠.

B : 네, 일단 제가 사무실을 먼저 운영하고 있었으니, 그것에 대한 프리미엄은 생각해 주세요.

A : 근데, 제 입장에서는 대표님과 지금 시작을 하는 거잖아요.

B : 그럼 어떻게 하셨으면 좋겠어요?

A : 프리미엄은 좀 힘들 거 같아요. 그냥 지금 시작하는 걸로 하죠.

B : 그 동안 제가 운영했던 것도 있고, 회원들도 이미 300여 명이나 있는 데요.

A : 그럼 저는 못할 것 같아요.

위의 대화에서는 자기 것만 얻으려고 하고 상대방에게는 내주지 않으려고 하는 협상태도가 문제가 된다.

협상할 때는 내가 하나를 얻을 때는 내가 하나를 양보하거나 상대방이 하나를 얻게 하는 것이 중요하다. 그렇지 않고 내 것만 얻겠다고 하는 태도는 협상에 찬물을 끼얹을 확률을 높게 한다. 따라서 협상할 때는 나와 상대방 모두 윈윈의 생각으로 접근해야 좋은 협상이 될 수가 있다. 또한 누구나 얻을 수 있는 보편적 조건을 상대방에게 제시하는 것보다는 보장적 조건 즉, 상대방이 필요한 조건을 얻게 해 주는 것이 나도 만족시킬 수 있고 상대방도 만족시킬 수 있는 보다 현명한 협상이라 할 수 있다.

(동업 계약에서의 대화 - 좋은 예)

A : 그럼 계약을 하죠.

B : 네, 일단 제가 사무실을 먼저 운영하고 있었으니, 그것에 대한 프리미엄은 생각해 주세요.

A : 네, 회원 수를 생각해서 제가 그건 인정해 드릴게요. 대신 사무실 집기 등에 대한 감가상각은 생각해 주세요.

B : 네, 그럼 수익을 서로 5:5로 하되, 프리미엄 1억 원은 생각해 주세요.

A : 7천까지 해 드리면 어떨까요? 대신 온라인 쪽은 제가 제공해 드릴게요.

B : 네, 그럼 그렇게 맞춰보죠.

팽팽한 조건에서는 평정심을 유지하면서 목표에 대한 조건이나 기대치를 조금 높게 잡으면서 상대방의 반응을 수시로 파악하며 이익과 양보를 통한 협상 타이밍을 잡아야 한다.

위의 대화에서는 하나를 얻고 하나를 양보하고, 상대방에게 하나를 주고 하나를 양보시키는 현명한 방법을 제시하고 있다. 또한 상대방이 현재 온라인 환경 구축이 되지 않고 있기 때문에 상대방에게 필요한 부분을 커버해주는 보장적 협상을 하고 있다.

이러한 윈윈 전략이야말로 나도 이기고 상대방도 이길 수 있는 최고의 협상임을 유념해야 할 것이다.

Tip

1. 평정심을 잃지 않음
2. 상대방의 반응을 수시로 파악하면서 타이밍
3. 때론 논리적으로, 때론 감성적으로 설득
4. 목표의 기대치를 조금 높게 잡고 이익과 양보조절

5
계약할 때

이제 협상에 대한 배경지식과 조건에 대한 분석 그리고 어느 정도의 협상을 마쳤다면 마지막 거래 종료인 계약을 해야 한다.

이때는 침착하게 몇 가지를 체크해 보아야 한다.

첫째, 그 조건이 마지노선보다 조금이라도 유리한 조건인가?

협상하는 이유는 타협과 달리 내가 유리하게 조건을 얻는 것이다. 가령, 물건을 팔려고 할 때, 마지노선이 100만 원인데 90만 원에 거래를 한다면 이것은 분명히 손해 보는 거래이다. 즉, 충분한 보상이 없이 손해를 보는 거래나 협상을 한다면 다시 한 번 이 협상에 대해 생각을 해 보아야 할 것이다.

협상의 첫 번째 조건은 마지노선보다 유리한 조건을 차지하는 것이다.

두 번째는 과연 그 조건이 나와 상대방이 꼭 필요한 조건인가를 생각해 봐야 한다.

최적의 협상은 나도 이기기 상대방도 이기는 즉, 나도 만족하고 상대방도 만족하게 할 수 있는 조건이어야 하는 것이다.

가령, 물물교환 협상을 한다고 하자.

내가 필요한 것은 옷장이고, 상대방이 필요한 것은 침대이다. 만약 내 옷장과 상대방의 침대가 비슷한 가격을 형성한다면 그대로 교환하는 것이 상대방과 내가 모두 원하는 것을 얻게 하는 것이다.

하지만 서로의 가격이 맞지 않는다고 해서 내 침대와 상대방의 냉장고를 교환하는 것은 우둔한 협상이다. 즉, 가격이 맞는다고 해서 비슷한 조건의 거래를 했지만, 내가 필요한 것은 냉장고가 아니라 옷장이었기 때문에 나에겐 아무런 의미가 없게 되는 것이다.

그런 협상보다는 내가 필요한 것이 옷장이지만, 상대방의 옷장보다 내 침대 가격이 낮을 때는 상대방이 또 필요할 수 있는 것을 챙겨주어서 서로가 더욱 원하는 것을 해 주는 협상을 하는 것이 서로를 만족하게 할 수 있는 협상이라는 것을 명심해야 한다.

내가 손해 보는 것이 아니라, 유리하면서 내가 필요한 것을 얻고 상대방 역시 필요한 것을 얻을 수 있는 즉, 나와 상대방이 모두 만족할 수 있는 조건일 때 그때 계약을 하면 최고의 계약이 된다.

하지만 모든 협상이 서로를 만족시킬 수 있는 감동적인 협상이 될 수는 없기 때문에 만약 모든 조건을 다 채우지 못했다면, 적어도 내가 손해 보지 않고 유리한 조건에서 협상을 해야 한다. 협상은 타협과 달리 내가 손해를 보는 것이 아니라 얻는 것에 초점을 맞춰야 하기 때문이다.

영리한 협상이란 바로 손해를 보지 않는 협상인 것이다.

내가 손해를 보면서 상대방이 원하는 것을 채워주는 것은 협상이 아니라 타협일 뿐인 것이다.

Tip

1. 마지노선보다 조금이라도 유리한 조건인가?
2. 내가 손해 본 것은 아닌가?
3. 제시한 조건은 보장적 조건이었는가?
4. 나와 상대방 모두를 만족시키는 조건인가?

1. SNA 온라인강의 특징

STEP 1
- PPT를 통해 교육생의 이해를 돕는 세심한 강의

STEP 2
- 강사위주의 일방적 강의가 아닌 교육생 중심의 1:1 소통 강의

STEP 3
- 연기와 스피치의 기초부터 실전에 이르기까지의 체계적 교육과정

STEP 4
- 최적화된 온라인 교육환경 (HD시스템, 스마트 폰 지원)

2. SNA 오프라인 교육특징

연기교육	스피치교육	특강교육	기업체강의
입시생, 오디션, 기획사 소속배우 1:1레슨	자신감, 발음교정, 면접, 프레젠테이션 선거, 논술, 스피치 1:1레슨	연기-화술, 제스처, 감정, 면접, 합격비법 스피치-보이스코칭 면접, 프레젠테이션	연기-실전연기 연기심리치료 스피치-실전면접 실전프레젠테이션 소통방법, 설득기술